台湾,自古以来就是中国领土不可分割的一部分,台湾少数民族是中华民族大家庭中不可缺少的一员。作为台湾岛最早的先住民,台湾少数民族在建设宝岛、维护祖国和平统一、缔造中华历史与文化的进程中,披荆斩棘,不屈不挠,写下了浓墨重彩、辉煌灿烂的一笔。

走近中国少数民族丛书
主编/丹珠昂奔

台湾少数民族
Taiwanshaoshuminzu

林华 著

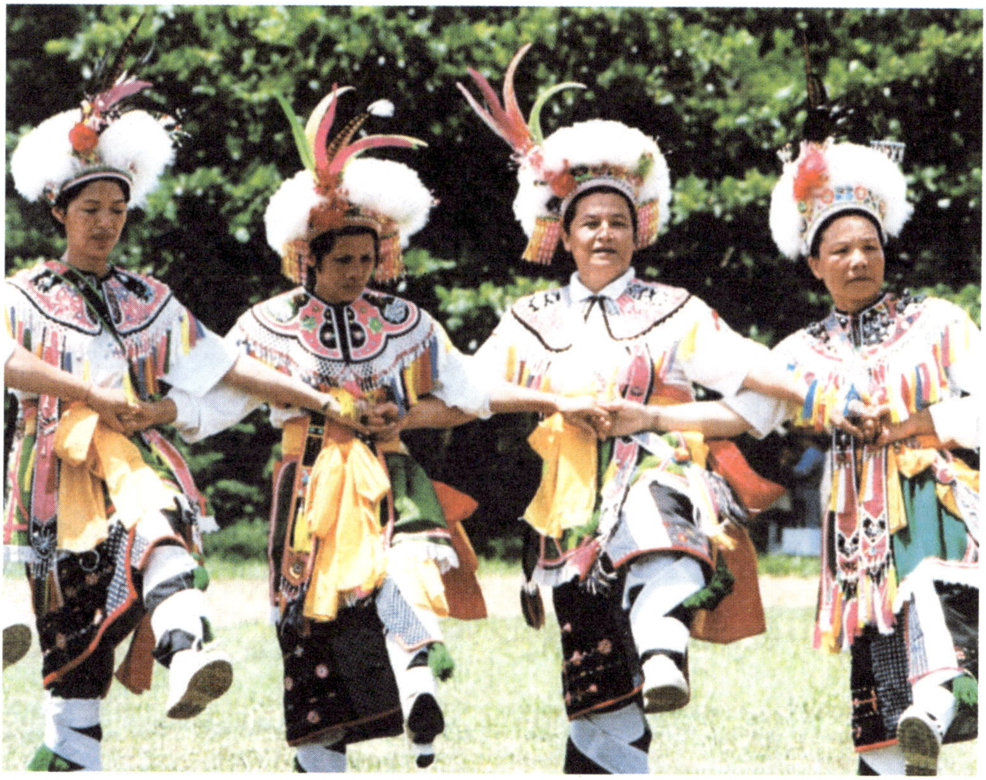

辽宁民族出版社

ⓒ 林华 2015

图书在版编目（CIP）数据

台湾少数民族／林华著．—沈阳：辽宁民族出版社，2015.12（2020.5重印）

（走近中国少数民族丛书／丹珠昂奔主编）

ISBN 978-7-5497-0961-8

Ⅰ．①台… Ⅱ．①林… Ⅲ．①少数民族—民族历史—台湾省 ②少数民族—民族文化—台湾省 Ⅳ．①K280.58

中国版本图书馆CIP数据核字（2015）第303667号

走近中国少数民族丛书·台湾少数民族
ZOUJIN ZHONGGUO SHAOSHU MINZU CONGSHU·TAIWAN SHAOSHU MINZU

丛书策划／李凤山

出版发行者：	辽宁民族出版社
地　　址：	沈阳市和平区十一纬路25号　邮编：110003
印　刷　者：	河北锐文印刷有限公司
幅面尺寸：	170mm×240mm
印　　张：	10.75
字　　数：	157千字
出版时间：	2015年12月第1版
印刷时间：	2020年5月第2次印刷
责任编辑：	李凤山　吴昕阳　李　瑾
封面设计：	杜　江
责任印制：	杨　雪
责任校对：	边京爱
标准书号：	ISBN 978-7-5497-0961-8
定　　价：	38.00元

网　　址：www.lnmzcbs.com　　　　邮购热线：024-23284335
淘宝网店：http：//lnmz2013.taobao.com
如有印装质量问题，请与出版社联系调换　　联系电话：024-23284340

《走近中国少数民族丛书》编辑委员会

主　编 / 丹珠昂奔（藏族）

副主编 / 武翠英　张学进　李凤山（蒙古族）

编　委 /（按姓氏音序排列）

巴哈提（哈萨克族）	白庚胜（纳西族）	白兰英（蒙古族）
陈　丹（彝族）	杜　江	黄如猛（壮族）
金顺玉（朝鲜族）	李　璜	李　欣（朝鲜族）
李有明（回族）	吕　怡	莫福山（藏族）
权春哲（朝鲜族）	萨仁图娅（蒙古族）	佟　强（蒙古族）
吴昕阳（满族）	徐　凯	殷德俭
张学林（朝鲜族）	钟廷雄（壮族）	朱　虹（蒙古族）

《走近中国少数民族丛书》作者名录

《蒙古族》 萨仁图娅（蒙古族）

《回族》 许宪隆（回族） 张龙（汉族）

《藏族》 丹珠昂奔（藏族）

《维吾尔族》 艾克拜尔·吾拉木（维吾尔族）
　　　　　　买力克·买买提（维吾尔族）
　　　　　　伊利迪尔（维吾尔族）

《苗族》 石莉芸（苗族） 李云兵（苗族）

《彝族》 陈国光（彝族）

《壮族》 黄佩华（壮族）

《布依族》 周国炎（布依族）

《朝鲜族》 黄有福（朝鲜族）

《满族》 于今（满族）

《侗族》 杨筑慧（侗族）

《瑶族》 玉时阶（壮族）

《白族》 董建中（白族）

《土家族》 罗中（土家族） 罗午（土家族）

《哈尼族》 朱志民（哈尼族） 李泽然（哈尼族）

《哈萨克族》 艾克拜尔·米吉提（哈萨克族）
　　　　　　伊拉达·拉音别克（哈萨克族）

《傣族》 赵瑛（傣族）

《黎族》 罗文雄（黎族）

《傈僳族》 鲁建彪（傈僳族） 欧光明（傈僳族）

《佤族》 郭锐（佤族）

《畲族》 钟亮（畲族）

《台湾少数民族》 林华（台湾少数民族）

《拉祜族》 苏翠薇（拉祜族）

《水族》 韦学纯（水族）

《东乡族》 马兆熙（东乡族） 马自祥（东乡族）

《纳西族》 白庚胜（纳西族） 孙淑玲（汉族）
　　　　　　白羲（纳西族）

《景颇族》 金黎燕（景颇族）

《柯尔克孜族》 阿地里·居玛吐尔地（柯尔克孜族）

《土族》 祁进玉（土族） 东永学（土族）

《达斡尔族》 毅松（达斡尔族）

《仫佬族》 黎学锐（仫佬族） 黎炼（仫佬族）

《羌族》 雍继荣（羌族） 罗吉华（羌族）
　　　　周发成（羌族）

《布朗族》 陶玉明（布朗族）

《撒拉族》 马成俊（撒拉族） 马建新（撒拉族）

《毛南族》 韩德明（汉族）

《仡佬族》 周小艺（仡佬族）

《锡伯族》 阿苏（锡伯族） 盛丰田（锡伯族）
　　　　　何荣伟（锡伯族）

《阿昌族》 们发延（阿昌族） 张斯齐（蒙古族）

《普米族》 朱凌飞（汉族） 杨周明（普米族）

《塔吉克族》 西仁·库尔班（塔吉克族）
　　　　　　阿力木江·西仁（塔吉克族）

《怒族》 李月英（傈僳族） 张芮婕（傈僳族）

《乌孜别克族》 古丽巴努木·克拜吐里（维吾尔族）

《俄罗斯族》 乃珂热曼·依布拉音（塔吉克族）

《鄂温克族》 黄任远（汉族） 那晓波（鄂温克族）

《德昂族》 袁丽华（汉族） 王燕（汉族）

《保安族》 马少青（保安族）

《裕固族》 董潇红（裕固族） 王政德（藏族）

《京族》 吕俊彪（汉族）

《塔塔尔族》 卡米力·库尔马尤夫（塔塔尔族）

《独龙族》 李金明（独龙族）

《鄂伦春族》 王为华（汉族）

《赫哲族》 黄任远（汉族）

《门巴族》 陈立明（汉族） 张媛（汉族）

《珞巴族》 陈立明（汉族） 李锦萍（汉族）

《基诺族》 朱映占（汉族）

总序

中国是一个统一的多民族国家。几千年来，有着悠久历史和灿烂文化的少数民族，与汉族一道，在中华大地上繁衍生息，共同开发着这块土地，建设、发展、捍卫着这个古老而伟大的国家。各民族都是兄弟，相互离不开，都是这个国家的主人。习近平总书记在第二次中央新疆工作座谈会上发表重要讲话，指出："要坚定不移坚持党的民族政策、坚持民族区域自治制度。民族团结是各族人民的生命线。要高举各民族大团结的旗帜，在各民族中牢固树立国家意识、公民意识、中华民族共同体意识，最大限度团结依靠各族群众，使每个民族、每个公民都为实现中华民族伟大复兴的中国梦贡献力量，共享祖国繁荣发展的成果。各民族要相互了解、相互尊重、相互包容、相互欣赏、相互学习、相互帮助，像石榴籽那样紧紧抱在一起。""要在各族群众中牢固树立正确的祖国观、民族观，弘扬社会主义核心价值体系和社会主义核心价值观，增强各族群众对伟大祖国的认同、对中华民族的认同、对中华文化的认同、对中国特色社会主义道路的认同。"因此，坚持平等、团结、互助、和谐的社会主义民族关系，不断增进了解，深化友谊，建立牢不可破的感情基础，是中国社会转型期、改革攻坚期、矛盾多发期保持社会稳定、发展的基本要求，也是实现中华民族伟大复兴的中国梦的基本要求。

为了进一步宣传我国少数民族的历史文化和民族风情，增强对少数民族的认识，宣传党的民族政策和方针，加深对党的民族政策的理解，加强各民族之间的了解与沟通，让读者了解少数民族，中华人民共和国国家民族事务委员会文化宣传司和辽宁民族出版社共同组织了《走近中国少数民族丛书》。

《走近中国少数民族丛书》的编写有以下三个特点：第一，采用图文并茂的形式、鲜活生动的语言、特色浓郁的图片与丰富的民族常识链接，向读者展示我国55个少数民族的历史渊源、民族变迁、社会生活、文化艺术、风俗习惯、历史人物和民族区域自治政策的伟大实践。第二，作者多为本民族的专家学者和与民族研究工作相关的专家学者，对自己撰述的对象既有深厚的知识积累，也有真挚的情感。第三，内容彰显了历史与现实、民族文化与地域文化、民族区域自治地方与散杂居地区少数民族生产生活的多彩画卷和轨迹，引导读者走近少数民族，聆听他们的古老传说，感受他们的发展变化，加深彼此的沟通和了解。这套《走近中国少数民族丛书》是面向民族干部和各级干部通览我国少数民族概况的普及读本，也是图书馆的必备藏书。

《走近中国少数民族丛书》所揭示的每一个民族的历史，都承载着这个民族的文化，也承载着这个民族的发展和未来。中华大地孕育的55个少数民族多彩斑斓的民族文化，同汉族文化一道从远古走到今天，汇入了中华文化壮阔的历史长河。"共同团结奋斗，共同繁荣发展"，保护、传承和弘扬少数民族优秀文化，不仅是推动我国民族团结进步事业的重要内容，也是构建和谐社会、实现中华民族伟大复兴的中国梦的重要使命。期待通过《走近中国少数民族丛书》，使广大读者徜徉于少数民族多彩风情的同时，更加深刻地了解和认知中华民族多元一体的文化内涵，感受中华民族悠久历史的深远与厚重。

丹珠昂奔

2014年6月26日

前言

台湾少数民族　多族群多元文化共存的原住民

　　祖国的宝岛台湾，在中国的版图上，是一个特殊而令人神往的地方。之所以这样说，是因为在近现代历史上，台湾屡经磨难，长期遭受到帝国主义的奴役和殖民统治，而在当下，台湾是唯一仍孤悬于海外，没能回到中华民族和平共融的大家庭里来的地区；还因为在这片美丽富饶的土地上，至今生活着占台湾总人口的2.3%，在大陆被称为高山族，在台湾包含了16个少数民族族群。

　　台湾少数民族非单一民族。台湾学者曾把台湾少数民族除平埔人外，确定为9个族群，即泰雅、赛夏、布农、邹、鲁凯、排湾、卑南、阿美、达悟；后在9个族群的基础上增加了邵人、噶玛兰人。近年来，经"正名"又增加了太鲁阁人、撒奇莱雅人、赛德克人，总计14个族群。2014年6月，卡那卡那富人、拉阿鲁哇人也通过了认定，使台湾少数民族族群增加到16个。这16个族群在语言、宗教、文化传统、生活习俗等诸多方面均各有特色，自成体系。

　　台湾，自古以来就是中国领土不可分割的一部分，台湾少数民族是中华民族大家庭中不可缺少的一员。作为台湾岛最早的先住民，台湾少数民族在建设宝岛、维护祖国和平统一、缔造中华历史与文化的进程中，披荆斩棘，不屈不挠，写下了浓墨重彩、辉煌灿烂的一笔。

　　宝岛台湾，四周环海，一年四季风调雨顺，冬无严寒，夏无酷暑，适于各种植物生长，素有"四季如春的花园"之美誉。岛内多山，山地丘陵面积占全岛面积的三分之二。资源丰富，农业资源、森林资源、渔业资源、水力资源以及各种热带、亚热带生物资源均在全国名列前茅；风光旖旎，人文荟萃，是我国著名的风景旅游胜地。正是台湾环海多山的自然环境，美丽富饶的生态资源，孕育滋养了台湾少数民族独树一帜的山地原始文化和他们那勤劳智慧、善良质朴、勇敢无畏的民族性格。

台湾少数民族是台湾最早的先住民。考古发现与文献资料证明，台湾与祖国大陆的文化有着密切的渊源关系，台湾最早居民在族源和社会经济文化各方面，与祖国大陆华南的原始文化息息相关；同时，由于台湾少数民族各族群在来台时间、来源方向上的复杂性，因此学术还有待进一步探索与佐证，当下持台湾少数民族族源多元、文化多元的认识，为普遍接受的理论。

台湾少数民族2014年的人口统计为539 435人，占台湾总人口的2.3%，分布于台湾中、东部的近16 000平方公里，占台湾45%的土地上。他们有自己的语言，无民族文字。语言属南岛语系印度尼西亚语族，且繁复多变，有23种之多。

台湾少数民族是典型的海岛农耕渔猎民族。农耕和渔猎构成了台湾少数民族文化的物质基础。由于其特定的地理分布区域，形成了台湾少数民族山地猎耕型文化的鲜明特征。在长期的历史发展中，台湾少数民族各族群形成了自己独特的物质生活和精神生活方方面面的风俗习惯，他们所创造的独特的民族文化，流光溢彩，绚丽辉煌。

台湾少数民族是勤劳智慧的民族，是具有高度爱国主义传统的民族。千百年来，他们和移居台湾的汉族人民一起，不仅用自己勤劳的双手，把台湾开辟成富饶美丽的宝岛，而且为反抗外来侵略，维护祖国统一和领土完整，进行了长期艰苦卓绝的斗争，谱写了一曲曲爱国主义篇章。

台湾少数民族是富有创造性，富有艺术才能的民族。音乐、歌舞、雕刻等民族艺术异彩纷呈，独树一帜。不仅有优美的民歌、古谣、神话与传说，而且有口簧琴、竹笛、鼻笛、口弦等乐器。在台湾少数民族歌舞中，日月潭邵人的杵乐、布农人的"八部合音"享誉海内外；阿美人的丰收舞、达悟人的甩发舞、赛夏人的矮灵祭舞等，都具有很高的艺术水平。台湾少数民族还精于雕刻，尤以排湾人的木雕、石雕最为出色，达悟人的拼板雕船技术也很高超和独特。

台湾少数民族衣、食、住、行等物质文化，同样具有独特的民族风格。擅于织布的泰雅人是其中织技高超的一个族群，珠贝衣是十分珍贵的精品代表；排湾人的挑织技法最为世人所知晓，衣饰广为世界各博物馆收藏。此外，台湾少数民族在饮食习惯上不尽相同，各具特色；住屋形式亦多种多样。

祈福台湾少数民族拥有更美好的生活，更美好的未来！

让我们满怀激情唱响《高山青》吧！遥想柔美如水的阿里山姑娘，矫健如飞的阿里山少年；让我们共同唱响《我们都是一家人》，让两岸少数民族同胞的深情厚谊交融在一起，共同奔向更美好的明天！

我的家乡在娜鲁湾，
你的家乡在娜鲁湾，
从前的时候是一家人！
现在还是一家人！
手牵着手，肩并着肩，
共同地唱着我们的歌声，
团结起来，相亲相爱，
因为我们都是一家人！
现在还是一家人！

《走近中国少数民族·台湾少数民族》将带你走进台湾，与海峡对岸的16个台湾少数民族族群真实"相遇"，去领略他们质朴纯洁的心灵和绚丽多彩的民族风情。愿这本介绍台湾少数民族的通俗读物，带给你全新的阅读体验，带给你愉悦的视觉美感。为此，我写下了如下的文字：

印象中，台湾少数民族是什么模样？
是花莲阿美族的载歌载舞，
还是少数民族文化园区的部落群像；
他们的民族性格、生活和文化风貌又怎样呈现？
是恰似阿里山有云海变幻，日出辉煌，
还是一如日月潭水般柔亮，闪烁着粼粼波光。
让我们从生活习俗，从传统祭仪，从建筑、服饰，从手工工艺，
去一一解惑，认识一个真实的、丰满的
与大地和谐共处的山海子民，
与自然相亲，与歌舞恋爱的宝岛少数民族同胞。

目录

总序	001
前言	003
第一章 宝岛台湾最早的先住民	009
海上明珠——美丽富饶的台湾岛	010
筚路蓝缕先住民	014
分布与概况	020
第二章 族群概说	025
消失文面——泰雅人	026
矮灵传说——赛夏人	027
山海之间——阿美人	028
玉山子民——布农人	031
逐鹿传奇——邵人	033
阿里山麓——邹人	035
太阳神子——排湾人	037
百合花族——鲁凯人	039
台东八社十部落——卑南人	041
飞鱼海洋——达悟人	042
流浪悲歌——噶玛兰人	043
峡谷柔情——太鲁阁人	044
浴火重生——撒奇莱雅人	046
雾社英魂——赛德克人	047
拉阿鲁哇人	048
卡那卡那富人	049
第三章 反抗外国殖民统治的斗争	051
荷、西殖民者侵占下的台湾少数民族	052
可歌可泣的抗日斗争	057

第四章　少数民族部落风土漫记 …… 067
母系氏族社会、父系氏族社会及贵族阶级社会 …… 068
部落组织与领袖制度 …… 070
各具特色的社会组织 …… 071
形式多样的婚丧习俗 …… 083
文面风俗与身体装饰 …… 087

第五章　生产活动与经济生活轶话 …… 091
农耕 …… 092
狩猎——猎人勇士的传奇 …… 096
捕鱼 …… 100

第六章　精神世界与祭仪信仰掠影 …… 107
泛灵信仰和祖灵崇拜 …… 108
占卜、祭司与巫师 …… 110
祭祀仪式 …… 112

第七章　少数民族文化巡礼：物质文化 …… 127
建筑特色 …… 128
巧夺天工的手工艺 …… 132
色彩斑斓的民族服饰 …… 138

第八章　少数民族文化巡礼：精神文化 …… 147
瑰丽丰富的神话与传说 …… 148
流畅动人的歌谣 …… 153
热情奔放的舞蹈 …… 157

参考文献 …… 161
图片来源 …… 163
后记 …… 164

第一章
宝岛台湾最早的先住民

　　祖国的宝岛台湾，山川秀美，资源丰富，孕育滋养了勤劳、智慧的台湾少数民族悠久灿烂的民族文化和勇敢无畏的民族性格。台湾少数民族是台湾最早的先住民，台湾历史是台湾少数民族与汉族人民共同缔造的历史，少数民族同胞悠久的历史，更是台湾史的核心部分，台湾的山山水水无不刻印着台湾少数民族披荆斩棘、拓荒辟土的艰辛历程。

海上明珠——
美丽富饶的台湾岛

当我们打开中国地图的时候，在祖国浩瀚的东南海面一隅，可以看到台湾就像一个乖巧的孩童般紧紧地依偎在祖国母亲的身旁；当我们从空中俯瞰台湾的时候，它像漂浮在海面上的一叶芭蕉，叶柄朝着南方，似在随波漂流；而当我们身临其境畅游其间的时候，但见群山耸立，绿野葱茏，钟灵毓秀，气象万千，更有海阔天空，飞鸟翱翔，波光潋滟，尽收眼底，那湖光山色，水月花容，诗情画意的美景，令人尘埃涤尽，顿觉心旷神怡。

唇齿相依的中华第一岛

美丽富饶的台湾岛，是一颗镶嵌在祖国东南海域的璀璨明珠。它物产丰富、景色如画；它与大陆一水之隔，一水相依。峰

氤氲笼罩的日月潭
▼

峦挺秀的玉山和气势雄伟的五岳共沐朝晖夕露，恬静优美的日月潭与风光明媚的西子湖血脉相通。黄帝陵的气宇轩昂，中原大地的猎猎西风，五千年的文明辉煌，依然在世界的东方仰天长啸；阿里山三千多岁的"神木"，与苍天比肩，与大地同眠，如历史老人，见证了中华儿女创业东海的丰功伟绩，镌刻着台湾少数民族和汉族移民建设宝岛、保卫家园的春秋史话。

台湾地处我国东南沿海大陆架边缘，面积3.6万平方公里，雄踞中华第一岛。它东临太平洋，东北接琉球群岛，南界巴士海峡，与菲律宾咫尺相望，西与福建省一衣带水，最近处仅相距130公里，历史上素被视为我国七省藩篱、东南屏障，它扼东、南海航道之要津，通西太平洋各国之枢纽，地理位置极具战略意义。

> **知识链接** **台湾海峡** 台湾海峡位于福建省与台湾省之间，呈北东—南西向，属纵向狭长型海峡。海峡南北长约380公里，东西平均宽度约190公里，最窄处只有130公里。台湾海峡不仅是台湾与大陆之间的纽带，也是纵贯我国南北的海上交通要道，被称为我国的"海上走廊"，具有经济上和军事上的重要价值。

富甲天下的风水宝地

台湾自古以来就有"海上粮仓"之称，物产丰饶，富甲天下，农业资源、森林资源、渔业资源、水利资源以及各种热带、亚热带生物资源极富储量。台湾四季常青，森林覆盖面积达全岛总面积的2/3，素有"森林之海"的美誉，树种有3 900多种，是亚洲有名的"天然植物园"。台湾盛产樟脑，产量占世界总产量的70%，居世界第一位。在古老的原始密林中，除贵重木材外，还有许多竹类和药材以及珍禽异兽。台湾还盛产茶叶，茶叶品种多达40余种，尤以乌龙茶、红茶饮誉中外。台湾素有"东方糖库"之称，甘蔗种植面积居台湾经济作物之首。台湾享有热带、亚热带"水果之乡"的美名，一年四季鲜果不断。台湾的植物种类有4 000余种，许多植物都是世界罕见的珍奇植物。

台湾享有"蝴蝶王国"的美誉，多姿多彩的蝴蝶谷，拥有400多种蝴蝶，兰屿岛上名为金凤蝶的蝴蝶尤为著名。台湾还盛

丰富的
森林资源 ▶

▲
台湾兰花

▲
台湾蝴蝶

产100多种兰花，驰名中外的蝴蝶兰被誉为群芳之首，"兰屿"就是因盛产这种名贵兰花而得名的。

台湾的地下矿藏已知的有110种，其中煤的储量，居我国东南沿海各省首位。金银矿是台湾主要的金属矿产，历史上曾是我国产金最多的省份之一。台湾又是我国著名的"鱼仓"和产盐区。

钟灵毓秀的如梦山水

台湾岛风光旖旎，秀美如画，是我国著名的旅游胜地。大自然的鬼斧神工把台湾的山山水水雕琢得多姿多彩，婀娜娇艳，自古以来凡是到过台湾之人无不为其美丽的风光所陶醉。壮丽的阿里山云海苍茫，迷人的日月潭秀色如画；银装素裹的玉山不失娇媚，阳光明媚的大屯春色把温暖播撒；惊心动魄的太鲁阁大峡谷气势豪迈，千仞绝壁的清水断崖巍然耸立；引人注目的安平古堡在晚风中沉思，繁星闪烁的澎湖渔火伴着月光悄声细语；还有知本的温泉，乌来的瀑布，镇西宝的桧木群，野柳的奇幻异景，阳明山的花海如潮，垦丁的绿野千里，如诗如画的美景不胜枚举。这些台湾地标性的胜境名片，早已脍炙人口。

◀ 野柳女王头像

这就是祖国的宝岛——台湾，这就是台湾少数民族的家乡。在这片沃土上，灵山秀水之间，处处点缀着奇幻的自然风光和珍贵的人文足迹，传说着动人心弦的神话故事和可歌可泣的英雄业绩。正是台湾环海多山的自然环境，美丽富饶的生态资源，孕育滋养了台湾少数民族独树一帜的山地原始文化和他们那勤劳、质朴、勇敢、无畏的民族性格。

三仙台美景
▼

筚路蓝缕先住民

台湾自古以来就是中国的领土。台湾少数民族是台湾最早的先住民，在台湾千百年来发展演变的历史进程中，作为台湾最早的开拓者，台湾少数民族在建设台湾，保卫台湾，维护祖国和平统一，缔造中华历史与文化的进程中，做出了彪炳史册的卓越贡献。

美丽的宝岛台湾由南至北400公里的地域内，以几近4 000米的落差，孕育了寒、温、暖、热四种气候带的生命。上苍赐予了台湾亘古奇幻的洪荒山川，造就成婆娑之洋的美丽宝岛，而先后移居到此的各个民族，也创造了多元风光的历史文化，结合成傲世的自然与人文奇珍。

在台东县卑南人建有"台湾山地人祖先发祥地"纪念碑

卑南文化

距今3 500年前左右，属新石器时代晚期，主要分布于海岸山脉和花东纵谷南段的河阶、海阶或山区的缓坡地。重要遗址有卑南、扫叭、富山、渔场、渔场南、东河Ⅰ、河东Ⅱ等。出土有大量镰刀、石刀等农具，而且器形也有大型化的趋势，可见当时农耕已有了很大发展。海岸地区的遗址则出土有丰富的网坠、尖

排湾人陶壶与琉璃珠

器等渔业用具，显示出对海洋资源的依赖。

遗址的范围都相当大，像卑南遗址的面积就有80平方米，聚落庞大，而且建筑物成排分布，格局严谨，已经是颇具组织的社会结构。

▶ 卑南文化的双把罐

卑南文化的代表性遗址是卑南遗址。以卑南遗址所发现的文化内涵而言，生业形态以农业为主，斧锄形器虽不多，但有大量的石刀、石镰和去壳用的石杵，推测是种植小米、陆稻；此外，狩猎工具的矛、簇也很多；生活用具的陶器以夹砂素面红陶为主，墓葬内有特别制作的陪葬用品竖把罐，推断有专门从事玉石饰品制作，并以玉制器物来交换。

卑南遗址还有数以千计的石板棺埋在建筑物底部，呈带状分布，而且与地上建筑物的坐向相同，显然意义非比寻常。棺内更有丰富又精美的陪葬玉器、陶器，可见当时人已有灵魂观念，相信死后另有世界，并且有相沿成俗的丧葬仪式。另外，也发现了被猎头的无头遗骸，可能是因为族群扩张领域、争夺自然资源，开始出现部落间的争战。

卑南遗址已经划定为一级保护区。

> **知识链接** 卑南文化公园为台湾首座考古遗址公园，结合史前聚落、墓葬遗址与游憩功能。最大特色在于以现地保存，展示珍贵的文化古迹——卑南遗址，提供历史情境保存与再生的体验空间。

悠久的历史

台湾历史是台湾少数民族与汉族人民共同缔造的历史，少数民族悠久的历史积淀，更是台湾史的核心部分，在台湾数千年的历史变迁中，台湾少数民族与台湾兴衰存亡的命运休戚与共，始终没有停止和缺失过，在时空的承续上，台湾历史的起点，正是少数民族同胞和大自然洪荒搏斗的开始。远在数千年的史前时代，台湾少数民族就生活在台湾这片美丽山川与一望无际的海岛

▲

在耳朵上穿洞，并嵌入或戴上饰物，是台湾少数民族普遍都有的身体毁饰

20世纪初（1903年）的台湾少数民族

上，在与大自然搏斗的历练中，他们学会了与自然生态环境相契合的生存之道。他们安居山林，熟悉了野兽花鸟的习性与生活规律，学会了用简单的方法观察天象与四季更迭，以就地取材的方法制造生产、生活工具；他们春种夏收，狩猎、渔捞并从事采集等劳动，过着自给自足、知足常乐的原始生活，进而衍生出与土地的节奏相契合的风俗习惯，孕育了崇拜祖灵的精神文化信仰，养成了敬畏天地的淳朴心灵，开启了率真独特的工艺创作，达观自在的部落生活，更促进了团结合作的传统美德和优良品质，一代一代在台湾这块土地上繁衍生息。

灿烂的文化

地球上，在北回归线建立璀璨文明者并不多，而其中台湾居重要地位。从3万年前的长滨文化起始，这块土地上的人民就开创了器械文明。3 000年前，凯达格兰人（平埔族群之一）以精湛的织贝技术，将贝壳卖给夏王朝当作货币，那时台湾的远洋贸易

祖灵柱是排湾人与鲁凯人每户人家的守护神，其中贵族或头目家的祖灵柱雕刻与装饰特别华美

台北顺益台湾"原住民博物馆" 位于台湾省台北市，以台湾"原住民"文物、历史为主题的博物馆。1994年6月在林乃翁文教基金会主持，顺益汽车公司捐助下开幕，占地300坪（1坪约为3.3平方米）。馆内规划有四大区，分别是台湾"原住民"人文与自然环境、生活与器具、衣饰与文化、信仰与祭仪。

"国立"台湾史前文化博物馆 2001年落成的"国立"台湾史前文化博物馆，是台湾首座考古学博物馆，结合馆内基地的建筑与展示，以及卑南文化公园的考古遗址，期望经由博物馆的研究、收藏和展示，完整记录台湾250万年来从岛屿诞生、人类移入到"原住民"定居生活的历程。

成就已举世瞩目；当号称"日不落"的大不列颠帝国，以其长嗣继承皇位，傲视男女地位平等之际，台湾有着贵族阶级传统的排湾人，其长嗣承家早已行之几千年；17世纪中叶，世居南台湾的西拉雅人（平埔族群之一），其母系社会传统习俗，经由当年荷兰学者记录书写并公之于世，由此，世界文献史料上才首次出现"台湾史料"。

达悟人的拼板雕舟闻名遐迩，排湾人和鲁凯人的雕刻技艺令人惊叹，泰雅人、赛德克人、太鲁阁人与赛夏人的文面习俗内涵丰富，布农人和邹人的狩猎技巧出神入化，卑南人在南台湾称霸驰骋70年，无不令人敬畏；邵人的杵乐，布农人的八部合音，阿美人的铿锵舞蹈，这些林林总总的人文奇珍，无不凝聚着台湾少数民族先民坚韧不拔的人文精神，艰辛困苦的创业足迹和值得骄傲的文化遗存。

◀ 达悟人拼板雕舟

海峡两岸的互联互通

台湾少数民族与大陆早有往来。早在公元3世纪的三国时代，吴国孙权派将军卫温、诸葛直率领万人渡海到达台湾，就与台湾少数民族先民有了交往，这是有文字记载的两岸往来的最早记录，而史料记载的大陆向台湾移民则首见于隋朝。史载7世纪

郑成功像

初，隋朝大将陈稜率兵船到台湾，台湾少数民族先民"初见船舰，以为商舶"，纷纷前来贸易，以精细洁白的"绢木皮布"，向汉族商人换取铁制工具。

宋代，随着大陆航海业的发达，海峡两岸人民往来日益频繁，台湾的北港（今云林）、鸡笼（今基隆）已发展成为重要的互市口岸。大陆汉族不断移入台湾，带去了先进的生产工具和技术，促进了当地社会经济的发展。

明代，台湾少数民族先民的农业和狩猎技艺已相当发达，他们已用铁镞工具进行集体围猎，以剩余的鹿产品与大陆沿海居民贸易。

到了清代，两岸的交流往来更加密切，台湾少数民族先民的社会经济有了更进一步的发展。

少数民族与台湾旧地名

台湾有众多旧地名都与少数民族有关，如"番仔寮""番社""旧社""新社""艋舺""北投""加礼宛"等。在土地开垦过程中，少数民族创造了台湾早期的地名，走一趟台湾全岛，通过地名的新旧对比，从中可通地理知人文，了解早期少数民族的领域和活动范围。

以下列举部分新旧地名的变化说明之：

基隆：原名"鸡笼"，为凯达格兰人鸡笼社社址，清光绪元年（1875）改名为基隆，取其"基地昌隆"之意。

新竹：原名"竹堑"，为道卡斯人竹堑社社址，清光绪元年（1875）改名"新竹"，取其在竹堑社新设一县。

高雄市：原名"打狗"，为马卡道人打狗社社址，日治时期改称"高雄"。

屏东市：原名"阿猴"，为马卡道人阿猴社社址，日治时期改称"屏东"。

彰化：原名"半缘"，为马卡道人半缘社社址，清雍正元年（1723）在此地新设一县，改名"彰化"取其彰显天子聪明，教化海外番隅之意。

苗栗：原名"猫裡"，为道卡斯人猫裡社社址，"猫裡"为道卡斯语"平原"之意，清光绪十二年（1886）改称"苗栗"，并在此设新县。

南投：原名"南投"，地处洪雅族北投社（约在今南投县草屯县附近）的南边，故命名之。

阿里山乡：原名"吴凤乡"，吴凤史事之讹传，让邹人长期据理力争，终于在1989年改吴凤乡为阿里山乡。

成功：原名"蔴荖漏"，蔴荖漏为阿美语"干燥"的意思，二次大战后改名为"成功"。

台东：原名"卑南觅"，台东旧称"卑南觅"，为卑南人领域。

光复：原名"马太鞍"，为阿美人马太鞍社的领域，马太鞍为阿美语"树豆"之意。

宜兰：原名"噶玛兰"，为噶玛兰人领域，清光绪元年（1875）在此新设一县，改称"宜兰"。

金山：原名"金包里"，为凯达格兰人金包里社社址，日治时期改为"金山"。

木雕狩猎

土坂包头目祖灵屋中柱

分布与概况

族群与族称

台湾少数民族在大陆称为高山族。传统上台湾少数民族有七分法和九分法之别,他们族称的认定也是逐年完成,逐年增加的。

截至2014年6月,台湾当局认定的台湾少数民族共有16个族群。2008年以前认定了14个族群,除了传统的泰雅、阿美、布农、排湾、鲁凯、卑南、赛夏、邹、达悟9个族群外,还有邵、噶玛兰、撒奇莱雅、赛德克,以及原来被认为是泰雅之亚族的太鲁阁。2014年6月原为南邹亚人的拉阿鲁哇、卡那卡那富也通过了认定独立出来,使台湾少数民族数量增加到16个。

虽然台湾少数民族在社会文化上都属于马来—波利尼西亚系统,但彼此之间仍存在着很大差异。比如在政治体系上,从平权的达悟、布农社会到有贵族与平民之分的排湾、鲁凯阶级社会;在宗教上,从布局特定形态的精灵信仰到多神信仰;在亲属组织上则不仅存在着偏重父系或母系的单系亲属群,也可以看到双系亲属群的形态。台湾16个少数民族族群,呈现出多面貌、多样化的社会文化现象。

> **知识链接** **平埔人** 平埔人指汉化已深而几近消逝的台湾少数民族,其分布区域在兰阳平原和台湾西部平原与沿海地区,由北而南依次分为凯达格兰、道卡斯、拍瀑拉、巴宰海、巴布萨、洪雅、西拉雅等族群。平埔族因长期与汉族杂居、通婚,较早接受汉族文化,至19世纪以后已基本与汉族融为一体。平埔人和台湾少数民族一样同属南岛语族,早在数千年前就居住在台湾这块土地上,他们的许多生活方式和用语仍影响至今。有学者认为台湾少数民族还应包括平埔人。

▲ 排湾人木雕

人口与分布

根据台湾当局2014年底人口统计,台湾少数民族共有54万余人,占台湾2 000多万人口的2.3%,分布于台湾中部、东部的近16 000平方公里，占台湾45%的土地上。其中阿美有200 604人，占37.1%最多；排湾96 334人，占17.8%；泰雅85 888人，占15.9%居第三；三族群合计占少数民族总人口达70%以上。其次是布农、太鲁阁、鲁凯、卑南、赛德克、邹、赛夏、撒奇莱雅、达悟、噶玛兰、邵、拉阿鲁哇、卡那卡那富。各县市少数民族人口以花莲县91 675人，占17%最多；台东县79 622人，占14.7%；桃园市65 440人，占12.1%居第三。少数民族人口占该县市人口比率则以台东县35.5%最高，花莲县27.5%次之，屏东县6.9%居第三。在台湾230个乡中有55个乡（镇、区、市）居住着台湾少数民族同胞。

此外，据2000年第五次全国人口普查统计，在祖国大陆还有0.45万台湾少数民族同胞，散居于福建、湖北、江西、安徽、北京、上海、南京等地，他们大多是在抗日战争后，从台湾来到祖国大陆定居的。

台湾少数民族各族群人口数、分布区域表
（以2014年台湾统计数字为据）

族群	人口数	分布区域
阿美人	200 604	分布在从东部纵谷平原南北两端的秀姑峦溪口到南部恒春附近的狭长地带。
排湾人	96 334	分布在南台湾一带，北起大武山，南至恒春，东到太麻里以南海岸，西至监察。
泰雅人	85 888	分布区域最广泛。主要分布在台湾北部中央山脉两侧，以及花莲、宜兰等山区。
布农人	55 942	分布区域很广，仅次于泰雅人。主要分布于台湾中央山脉海拔1 000米—2 000米左右的山区，约在南投、嘉义、高雄、台东一带。
卑南人	13 358	分布于台东平原的卑南乡一带。依据祖先神话传说的起源，又分为石生的知本系统及竹生的南王系统。
鲁凯人	12 851	按照居住的地点，分为东、西鲁凯两支。东鲁凯居住在台东县卑南乡一带，西鲁凯分布于高雄县茂林乡、屏东县雾台乡。
邹人	6 843	分布在嘉义阿里山乡与南投信义乡，人口多集中在阿里山地区。

续表

族群	人口数	分布区域
赛夏人	6 406	集中在新竹和苗栗交界处,分为南、北两大族群。北赛夏居住于新竹县五峰乡,南赛夏居住于苗栗县南庄乡。
达悟人	4 421	居住在距台湾本岛鹅銮鼻41海里外的兰屿岛上。
邵人	759	大部分居住在日月潭畔的日月村(德化社),原来属头社系统的少部分邵人,则住在水里乡顶崁村的大平林。
噶玛兰人	1 374	世居兰阳平原。由于族群迁徙行动,目前在花莲、台东一带尚可见到噶玛兰人的痕迹。
太鲁阁人	29 659	大致分布在北起于花莲县和平溪,南迄红叶及太平溪这一广大的山麓地带。
撒奇莱雅人	844	世居花莲奇莱平原,分布范围约在立雾溪以南,木瓜溪以北。
赛德克人	9 033	主要分布在南投县仁爱乡。
拉阿鲁哇人	500	主要分布在桃源乡荖浓溪岸桃源村、高中村。
卡那卡那富人	500	主要分布在高雄市那玛夏区。

语言与文字

台湾少数民族有自己的民族语言,语言属南岛语系(又称马来—波利尼西亚语系)印度尼西亚语族,达23种。台湾南岛语属多音节、有重音、无声调的黏着类型语言,但不同地区的各族群在语音、词汇、语法形态上差别很大。

台湾少数民族无本民族文字。台湾少数民族的文字史,大致经历了原始社会的"结绳记事"、荷兰殖民时期的"罗马字"和现代的语音符号系统。1992年颁布的《台湾南岛语言的语音符号

> **知识链接** **布农人木刻书历** 台湾少数民族没有文字,文化的承续靠的是口耳相濡,代代相传。其中,布农人是唯一有文字雏形的族群,但文字以计算历法为主,并没有拿来记录史事的用途。1937年发现布农人祭祀使用的"记事历板"或称"木刻画历",主要记录了部落每天发生的重大事件和生产活动。以记号、图形、象形符号来记录生活内容的浓缩,刻画朴拙,意向简明易懂,粗具原始文字的模样,展现出布农人祖先的智慧和创意。

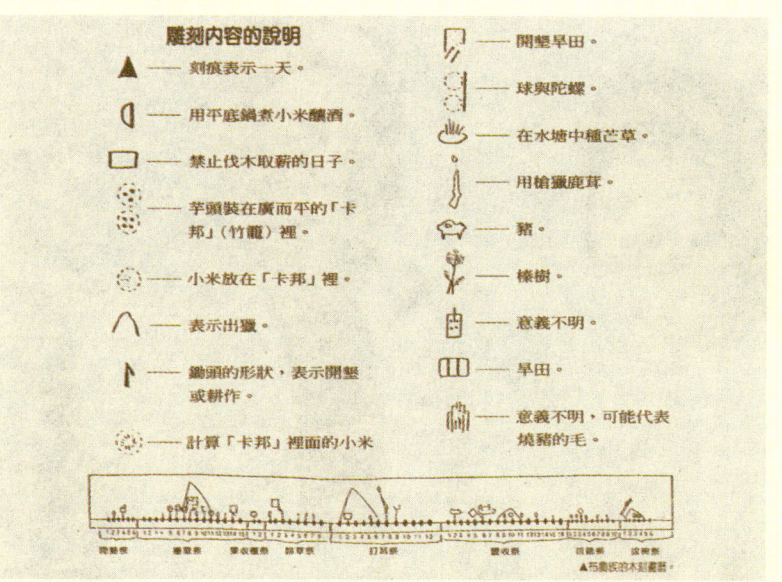

布农人木刻书历

系统》作为台湾少数民族的书面语,借鉴了基督教会推行多年的"罗马拼音文字"为体系,以国际音标为基准而创制的"适用于各族语言"的语言符号,对保护、推广和传承南岛语系语言文化意义重大。

族源寻源

关于台湾少数民族的起源,学术界迄今尚无定论。归纳起来有以下几种观点:1. 大陆起源说;2. 中南半岛起源说;3. 亚洲大陆东南沿海地区起源说;4. 密克罗尼西亚起源说;5. 美拉尼西亚起源说;6. 西新几内亚起源说;7. 台湾起源说等。其中以大陆起源说、中南半岛起源说、亚洲大陆东南沿海地区起源说、西新几内亚起源说和台湾起源说,学术界认同度较高。

目前一致的结论是台湾少数民族的来源不是单一的,而是多种来源,并且是在不同时期分批抵达台湾定居下来的。大体上,学者们都同意目前居住在山地乡的泰雅人、布农人是早期的迁入者,他们的文化比较接近大陆系,迁入时间大约在6 500年前到4 500年前之间;而居住在平地乡的阿美人、卑南人、噶玛兰人等,迁入时间较晚,文化较接近南方海岛系;最晚抵达台湾的族群为达悟人,在台湾的历史约有800年。

第二章
族群概说

台湾少数民族非单一民族,他们隶属迥异的部落族群,操不同语言,无民族文字,语言属马来—波利尼西亚语系,数量达23种之多。台湾少数民族按照语言、地域、文化、风俗等特征,划分为阿美、泰雅、排湾、布农、鲁凯、卑南、邹、赛夏、达悟、邵、太鲁阁、撒奇莱雅、赛德克、噶玛兰、卡那卡那富、拉阿鲁哇16个族群。

消失文面——泰雅人

分布最广的泰雅人，
祖灵信仰，把族人凝聚，
嘎嘎的祖训，牢记心中。
美丽的文面，是族群的象征，
女子擅织，男子英勇，
"出草"、狩猎、农耕，
纵横傲然于深山、峡谷、密林中。

泰雅人口8万有余，仅次于阿美人、排湾人，居台湾少数民族第三位。分布在台北县乌来乡，桃源县复兴乡，新竹县尖石乡、五峰乡，苗栗县泰安乡，台中县和平乡，南投县仁爱乡，花莲县秀林乡、万荣乡、卓溪乡，宜兰县大同乡、南澳乡等8县12乡，是台湾少数民族中分布区域最广的一个族群。

盛装的泰雅男女

在泰雅人的世界里，有两个迥异于其他族群的观念：一是gaga（嘎嘎）的观念，二是rutux（祖灵）的信仰理念。祖灵祭、收获祭是泰雅人的主要祭典。

泰雅人属平权社会，由具有聪明才智和领导能力的族人担任部落领袖。部落若有重大事件，由头目召集长老共同开会决议。农耕和狩猎是泰雅人最重要的经济生活，男子擅于狩猎，女子长于织布，泰雅人是台湾少数民族中最擅长织布的一族。文面是泰雅人传统中很特殊的风俗，是泰雅人最引人注目的文化特色。

矮灵传说——赛夏人

独具特色的赛夏人，
"矮灵祭"——庄严、凄美又神秘；
银光闪烁，是月光旗在舞动；
臀铃声声，于歌唱里幽鸣；

◀ 赛夏人

漩涡式回环的队伍，
徘徊在向天湖畔，
从夜晚到天明。

赛夏人现有人口6 000余人，分为南北两个群落，北赛夏群主要分布于新竹县五峰乡大隘村、花园村等，与泰雅人比邻，受其影响几乎完全泰雅化；南赛夏群主要分布于苗栗县南庄乡东河村、蓬莱村、向天湖等，与客家人为邻，受其影响也几乎完全客家化了。尽管南北两族因环境的影响，文化差异日益加剧，却因为举行矮灵祭，使得两地族人仍有共同的族群认同。

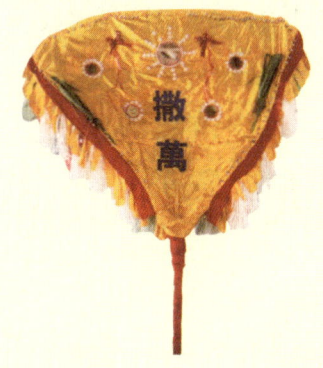

赛夏人的姓氏旗

赛夏人属于父系社会，由于重视血缘关系，所以有着极深的氏族观念，并发展出"姓氏祭团"组织，不仅每个姓氏各有其意义和图腾，也必须在部落的各式祭典中担任重要的主祭任务。例如矮灵祭由朱姓氏族主持，祈雨祭由潘姓主持，镇风祭则由风姓主持。

父系氏族组织和凄美的矮灵祭，让赛夏人在台湾少数民族中显得特别独特。

山海之间——阿美人

人口最多的后山大族，
歌声嘹亮，舞步铿锵，
震撼了东海岸丰年祭的嘉年华。
"铁人之家"，名扬四海，
《老人饮酒歌》，唱响在奥运会的舞台。
年龄阶级制度，严谨细微，
凝聚了民族振兴的部落意识，
一代代，传承下去！

分布于花莲至台东一带的阿美人，属于"海陆两栖"的族

花莲阿美人丰年祭

群,是台湾少数民族中人口最多的一支,约20万人。

按地理区域,可分成北部、中部和南部三大群。北部群指的是南势阿美人,分布地包括花莲市,花莲县新城乡、寿丰乡、吉安乡、秀林乡、丰滨乡、凤林乡、光复乡和台东县关山镇。

中部群包括秀姑峦阿美人和海岸阿美人。秀姑峦阿美人分布于花莲县光复乡、瑞穗乡、富里乡等地;海岸阿美人则分布于花莲县的丰滨乡与台东县的长滨乡、东河乡及成功镇。

南部群包括卑南阿美人与恒春阿美人。卑南阿美人又称马兰阿美人,主要分布在台东县东河乡、卑南乡、太麻里乡和台东市等地。恒春阿美人因曾居住于恒春地区而得名,现主要分布在花莲县富里乡南部,海岸山脉以西地区。

1970年以后,陆续有族人从东部迁居到西半部的都市,于是有了所谓"都市阿美"的称呼;目前这些新兴人口,约占阿美总人口的1/3。

阿美人社会,最突出的是母系社会和男子年龄阶级制度,这两个制度均衡地维持着阿美男女分工的社会。阿美人保留了丰富

> 知识链接

阿美人之父——马亨亨 马亨亨（1852—1911），近代知名的马兰阿美人头目，对阿美人现代化和族群生存做出过重大贡献，族人尊称他为"阿美人之父"。马亨亨生于1852年，自幼身材魁梧，族人称他为"巨人"，武功智慧与道德勇气兼备，尤其擅长为族人排解纷争，因而深受族人爱戴。马亨亨35岁接掌大头目后，带领族人奋发图强，与其他部落和平相处，使马兰部落的势力迅速崛起。日军进入后山后，对少数民族实行高压政策，激起阿美人不满，两者之间冲突不断。马亨亨为了保护族群利益和长久生存，多方奔走，一次次化解了族人与日警的激烈冲突，最后因调停"马劳劳事件"促使病情加重，不治身亡。马亨亨是阿美人心目中的英雄，时至今日，族人都在缅怀他的事迹和英名。

"亚洲铁人"——杨传广 杨传广（1933—2007），台东县马兰部落阿美人，是名扬近代国际体坛的田径选手，台湾体坛第一人，十项全能史上打破9 000分的纪录保持者，有"亚洲铁人"之称。

1954年，杨传广第一次代表台湾地区参加马尼拉第二届亚运会，一鸣惊人勇夺十项全能冠军，引起亚洲体坛注目，各报纸媒体皆以头条新闻来报道，英文报纸送给他"亚洲铁人"的称号。1958年第三届东京亚运会，杨传广打破亚运会纪录再度蝉联十项全能冠军。

1960年，第十七届罗马奥运会是杨传广运动生涯的一个里程碑，他以8 334分夺得十项全能亚军，并被评为最佳运动员，成为台湾地区在奥运会上夺得奖牌的第一人。1963年，杨传广在美国圣安东尼运动会上，打破撑杆世界纪录，同时以9 121分刷新十项全能世界纪录，成为十项全能史上打破9 000分的第一人，十项全能的计分方式也因此而改变，直至2001年罗曼·谢布尔勒才再次突破9 000分关卡。

丰年祭上青年组的服饰装扮

的传统文化,仪利信——即丰年祭,是最具代表性的传统祭典。阿美人特别能歌善舞,尤其在舞蹈方面规模大,参与人数多,变换动作繁复,堪称台湾少数民族中的代表。

而自从郭英男夫妇的歌声在1996年亚特兰大奥运主题曲中亮声后,阿美人那富有浓郁民族韵味的优美歌谣,也随之响遍全世界。

在台湾少数民族中,阿美人不但能歌善舞,也擅长体育运动,如声名远播的"亚洲铁人"杨传广、旅日棒球名将郭源治等,在岛内早已家喻户晓。

玉山子民——布农人

中央山脉的统治者、高山的子民,
有《祈祷小米丰收歌》,享誉人间,
那是祖先倾听瀑布的灵感
迸发出的天籁之音;
有打耳祭、小米收获祭、编制手艺,
罕见的遗存"木刻书历",
林林总总,风格独具。
听!中央山脉的布农部落里传来了音乐之声:"呜",浑厚高

◀ 布农人八部合音

昂的单音，自高山林间的薄雾中响起，紧接着是次高的"耶"，中音的"喔"继之而起，最后是低沉的"嘿"；一轮之后，各个声部开始了繁复的变化，且歌声愈唱愈高，也愈来愈密，好像从地心升起，从静谧悠远的山林间直达天际。

听过布农人的"八部合音"，你一定会惊讶，在这宁静幽谧的山林中，竟会有如此变幻迷人的音乐！事实上，世界各国对台湾少数民族的认识，正是从布农人这一曲《祈祷小米丰收歌》开始的。布农人由于居住环境较其他族群疏落，常以歌声传讯、呼应，遂发展出独特的合音，即享誉世界的"祈祷小米丰收歌"八部合音。它是民族音乐的瑰宝，全曲无歌词，以逐渐上升的鸣音为合音，向天神传达最真诚的敬意。

布农人被称为中央山脉的统治者，是台湾少数民族中位居海拔最高的族群，为典型的高山民族，擅长狩猎，颇具尚武精神，有"影子猎人"的封号。由于长期居住在高山地区，布农人认为自然界的任何威力与变化，冥冥之中都被强有力的主宰者支配着，因而对神灵产生敬畏心理，对宗教信仰笃信不疑。所以，布农人的祭典特别多，堪称台湾少数民族中祭典最多的一族，几乎每个月都举行祭仪活动，从出生、命名、婴儿节、成长礼、成年礼、结婚直到年老死亡都有相应的仪式，族人终年沉浸在各种祭

桃源乡布农人

奠里，是个非常重视传统祭典的族群。在布农人所有的祭典仪式中，"小米收获祭"和"打耳祭"备受重视。

布农人没有头目制度，由各家族的族长联合主持部落事务。

> **知识链接** **木刻书历与布农文字** 在日本统治时期，布农地区发现了记载着一年之中举行岁时祭仪与生活习俗的"木刻书历"。令人惊讶的是上面的符号已经有了象形文字的雏形。虽然这样的板书一共只发现了四块，不能算是布农社会普遍的文物，也不能据此就认定布农人是一个有文字的族群，但却是布农人祖先伟大心灵与智慧的最好佐证，也是布农人文化中珍贵的文物遗存。

逐鹿传奇——邵人

逐鹿传奇——邵人，
世居在日月潭畔。
敲响杵乐，伴着晨光悠扬；
荡起独木舟，在氤氲里
上拉鲁岛，看茄冬树常青茁壮；
又一个先生妈，在庄严的仪式里沉醉，
肩负起民族传承的荣光。

邵人目前仅存700余人，在卡那卡那富人与拉阿鲁哇人被认定之前，是台湾少数民族中人数最少的一支族群。

邵人的杵乐自古以来就闻名遐迩

> **知识链接** **"白鹿传奇"** 有关邵人的神话传说,最令人津津乐道的是"白鹿传奇"。相传在遥远的年代,邵人先民带着猎狗到森林里狩猎。走着走着,突然面前出现了一头全身雪白、又高又大的白鹿,正当邵人先民感到神奇、准备拉弓射箭时,白鹿忽然一跃而起,跑进森林深处,大家乃奋起直追。谁知每当快接近时,白鹿就消失了踪迹,而当他们决定放弃时,白鹿却又再现,如此追追停停、反反复复。经过了数个白天和夜晚后,突然邵人先民眼前一亮:他们看到一片群山环抱、风景如画的湖面展现在面前,波光潋滟的湖水中,鱼儿群起跃动,互相追逐着嬉戏前行。好一个人间仙境啊!大家都认为这是上天派遣神鹿来引导他们,特别赐予他们新的家园,于是决定将族人全部迁徙到这里。据说这就是邵人定居日月潭之由来。

谈起邵人,一般人总会联想到湖光山色、波平如镜的日月潭,还有围成一圈、身着艳丽民族服饰、手举木杵的妙龄少女,以不同节拍和音乐旋律,一边有轻有重、有长有短地敲打着石块,一边唱着美妙的歌曲,这就是声名远播的"邵人杵乐"。

居住在日月潭边的邵人依山傍水而居,是善于利用自然资源而生存的族群。他们有独木舟作为捕鱼与交通的工具,有鱼筌可以协助他们轻松捕鱼,有各式取之于大自然的工具提供生活之用,日月潭中更提供了丰富的渔获,而潭中的拉鲁岛,尤其是邵人信仰的中心、最高祖灵的居住地。

> **知识链接** **神圣的祖灵地——拉鲁岛** 清晨,搭乘游艇往日月潭中央驶去,一座美丽的小岛——拉鲁岛,现身在薄雾中。在日月潭水库兴建之前,邵人就生活在这座岛上,那里有大片土地可供耕种,后来被水库淹没,拉鲁岛只剩下山顶一角浮出水面,邵人不得不搬迁到现在的德化社居住。拉鲁岛是邵人信仰中神圣的祖灵地,因为岛上的大茄冬树,是邵人最高祖灵的居处,它能驱逐恶魔,赐给邵人幸福。

▶ 拉鲁岛

邵人心灵手巧，善于制造，能够利用大自然就地取材，从建筑房屋、挖凿独木舟到日常生活中的盘子、瓢杯、竹筒、藤器、杵臼等等。邵人为了从日月潭中汲水回家，会取用麻竹或孟宗竹，将竹节打通制成贮水器具，或将它用作贮酒器皿。

> **知识链接** **祖灵篮** 俗称公妈篮，是邵人祖灵的象征，每逢祭奠，邵人都会以丰盛的祭品，供奉公妈篮。公妈篮里盛置有先人遗物，如衣物、饰物等，平常就供奉于大厅供桌上。

阿里山麓——邹人

红衣勇士，强壮威武，
跋涉在阿里山上，健步如飞；
目标锁定——库巴，男子集会所
民族的精神地标。
插飞羽、束腰、着披肩、膝裤，
战刀高举，唱响《塔山之歌》，
走在凯旋祭的队伍里，虎虎生威！

邹人旧称曹人，分为南北两大族群。其中北邹群即阿里山群；南邹群包括卡那卡那富群和沙阿鲁哇群，已于2014年通过了台湾当局的认定，成为独立的卡那卡那富人和沙阿鲁哇人。

嘉义县阿里山乡是邹人居住的大本营。享誉海峡两岸的《高山青》中有这样几句歌词："高山青，涧水蓝，阿里山的姑娘美如水，阿里山的少年壮如山"，其中的阿里山姑娘与少年指的正是邹人。

海拔约1 000米的阿里山

◀ 穿着传统服饰的邹人

上，有座造型奇特的大型木造建筑，这里就是阿里山邹人心目中最重要的场所——库巴，也就是男子集会所。邹人的男子在此聚会，联络感情，排解纠纷，商议部落大事，举行各种祭典活动。库巴还有一项重要功能，就是训练教育年轻人，将祖先的生活经验一代代传承下去。

在台湾少数民族中，邹人男子被称为红衣勇士，而库巴里终年不息的火种，正是邹人安定强盛的最好象征。尽管现在库巴的部分功能已经消失，但传统的祭典依然在库巴举行，丰富的文化由此得以世代相传、历久不衰。

> **知识链接** **红衣勇士的束腰习俗与插飞羽** 邹人男子的盛装很特别，见之令人记忆深刻。男子有束腰的习俗，从十一二岁开始，即以木片、竹片或藤皮制成宽约七厘米大小的束腰带，二十四小时不离身，直到50岁才能解除。束腰的目的是为了让每个男子身材挺拔，英雄气概十足。男子的帽饰也很特别，有鹿皮帽、山羌皮帽、熊毛加贝饰，帽子前缘镶嵌珠玉贝壳，后缘横插鸟羽（蓝腹鹇或帝雉的羽毛），成为邹人最显著的标记。而衣服方面为鹿皮披肩、膝裤、棉质红色长袖上衣（祭仪场合穿红色，平时着黑色）、胸衣。

邹人是个父系社会，和布农人一样，非常重视男女有别的观念，认为男人、女人所担负的工作和责任绝对不可混淆。邹人向来器重男性，但并不轻视妇女。他们严格实行一夫一妻制，重婚被绝对禁止。通常男女结婚后会先回岳丈家，帮忙耕作、砍柴、

◀ 凯旋祭上英姿勃发的邹人

做农事一至两年,甚或五六年后夫妻才一起返回夫家。这种劳动服务可视为男方送给女方的聘礼之一。

邹人以男性狩猎、鞣皮技术精湛见长。邹人与布农人的鞣皮和制革技艺,同被誉为台湾少数民族两大手工艺术的奇葩,其中尤以邹人更胜一筹。以狩猎为生的邹人,非常擅长利用兽皮如鹿、羌、羊皮等,缝制成皮衣、皮帽、皮靴以及各种小饰物。昔日,邹人对外交易,多以鹿皮以物易物,鹿皮几乎等同于邹人的货币。

邹人的祭祀活动以"凯旋祭"(战祭)最为重要,祭祀程序非常复杂。

太阳神子——排湾人

太阳神子,南台湾的华丽族群,
雕刻大师在这里汇聚。
百步蛇纹、木雕、石雕与陶壶,
甚或五年祭的祭竿上,狩猎的野猪、山鹿,
祖灵像和英雄椅,
都焕发了原始的生命力,
袒露着勃勃生机。

雄踞南台湾,分散于中央山脉南部山地及东南面山麓到海岸地带的排湾人,被称为大武山的子民,以阶级严明的贵族制度与精致的工艺技术著称。目前人口96 222人,是台湾少数民族中第二大族群,仅次于阿美人。在排湾人的神话传说中,有"太阳神之子"之说。

排湾人社会分成贵族、

排湾人吹奏鼻笛

土坂部落排湾人头目百年人像图纹雕刻

士、平民三大阶级。贵族阶级拥有耕地、河川、狩猎场,平民主要在贵族头目的领地中耕种、捕鱼、狩猎。平民除了要向贵族头目缴纳税赋外,还要负起保护贵族头目并执行他们所交代任务的责任。士为中间阶层,可享有免税及若干文身和名号的特权。具有特殊才能的平民阶级可以成为士族阶级,如从事艺术工作的雕刻师及狩猎英雄等。

排湾人是个充满艺术天分与活力的族群。他们热爱艺术,重视美感的特性,不仅展现在服饰上,在传统的陶壶雕塑和梁柱木雕上也是表露无遗。陶壶、青铜刀、琉璃珠,是排湾人贵族珍贵无比的传家之宝,陶壶象征祖先,青铜刀象征男人,琉璃珠则是女人的象征。

除了陶壶、青铜刀、琉璃珠三大代表物外,贵族头目的配饰或雕刻作品中,往往会出现栩栩如生的百步蛇图案,百步蛇是排湾贵族身份、地位的象征物。

> **知识链接**
>
> **排湾人百步蛇神话** 据说很久以前,有位上山做工的老人,在途经一个池塘时,看到路边绽放的花朵美丽娇艳,很是欢喜。他不知这些花儿是一条百步蛇所拥有的,忍不住摘了几朵,想带回去给女儿佩戴。百步蛇得知了原委,就要求老人把女儿嫁给他,否则就要惩罚老人。为了免于受罚,老人遂把女儿嫁给了百步蛇,而百步蛇也送给老人许多刻有百步蛇图案的陶壶为聘礼。从此百步蛇与人类和平相处,而百步蛇也成为代表排湾贵族身份地位的象征物。
>
> **"五年祭"** 祭祀祖灵的重要祭典,每五年举行一次。排湾人相信历代祖灵都聚居在大武山,每满五年,祖灵会从山上下来拜访各子孙的部落,并赐予族人幸福,然后再返回大武山,路程历时五年,因此便有了排湾五年祭。
>
> **祖灵像与英雄椅** 排湾人相信祖先虽然离开人世,但仍会在冥冥中庇护子孙,因此常雕刻祖灵像以祭祀,有时也会把象征祖先的百步蛇雕刻上去。祖灵像造型多为圆头、长鼻、细口,双手握拳在胸前或肩膀两旁,是人形左右对称的正面像。英雄椅是供英雄、长老在场时使用的座椅,位于祖灵像前正下方,表示尊崇之意,是阳刚的象征,女子不能坐。

百合花族——鲁凯人

百合花族，服饰艳丽，
浪漫的荡秋千，烦琐的抢婚习俗，
是《鬼湖之恋》在延续。
一把尖铁棒子采石板，盖石板屋，
感念祖先，慰藉那心灵的故园。

鲁凯人主要分布于台湾南部中央山地，四周有排湾人、布农人、卑南人和阿美人等不同族群。传说鲁凯人的祖先为百步蛇所生，百步蛇为鲁凯人之信仰图腾，是故族人将两条并列的百步蛇视为祖灵的象征，力量的源泉。而他们居住的门扉，屋檐和屋内主柱上，衣服上的刺绣，日常生活所用的器皿上都有百步蛇图案，由此可见族人对百步蛇的崇拜。

鲁凯人是台湾少数民族中极为重视阶级的族群之一，其社会组织分为三大阶级：贵族、士和平民。鲁凯人的社会组织，除了阶级分明的特色外，女性地位低下是另一特征。

鲁凯人在艺术表现上，不论是女人的织布与编篮，或是男人

◀ 鲁凯服饰

◀ 鲁凯人石板屋内部

> **知识链接** **排湾人和鲁凯人的异同**
>
> 　　排湾和鲁凯相邻，两族群经由融合与同化，习俗非常接近，过去曾长期被认为是一个族群。两族群都崇拜百步蛇，两族群都有一部分认为祖居地是大武山，人死后灵魂要回归大武山；都已进入封建社会，有贵族和平民之分，贵族拥有土地等生产资源，平民为承租者的世袭佃农；都建造石板屋，擅长木石雕刻。
>
> 　　排湾与鲁凯最大的区别是语言，除此之外在文化上的差异表现在：鲁凯人没有排湾人盛行的五年祭；在继承制度上，鲁凯人长男继承家业与排湾人的长嗣不论男女有很大区别；排湾人阶级制度壁垒分明，头目权力集中，鲁凯人的阶级制度较散漫，头目权力没有排湾人大；丧葬习俗上，鲁凯人的丧葬以一人一墓为主，排湾人则是一家一墓。

> **知识链接** **云豹传说** 传说鲁凯人的祖先打猎时，跟着一只云豹翻山越岭，来到大武山上，最后云豹流连在一泓清泉边不肯离开。猎人们认为这是祖灵的指示，便带着家人前来此地定居，繁衍后代，逐渐成为一个部落，这就是鲁凯人的由来。由于云豹是鲁凯人祖先的引领者，因此族人对云豹非常重视，不但禁止猎杀，而且只有头目和贵族才可穿戴用云豹的毛皮和牙齿做成的头饰。后来，"云豹的故乡"就成了鲁凯部落的别称。

的木雕，都非常细致传神。木雕技艺优秀的匠人，在部落中地位崇高。鲁凯人视百合花为他们的族花，百合花戴在头上象征着无上光荣。

台东八社十部落——卑南人

斯巴达式的会所制,
成就了小族群号令后山的传奇;
猴祭、大猎祭、联合年祭,
拥抱了四海儿女,在后山团聚;
知本勇士舞、妇女除草团,
齐心协力,
重温传统的记忆。

由于人口较少,而且饱受周遭外族部落的重重威胁,为保护族人免受侵扰,男子自十三四岁起都要接受类似西方斯巴达式的严格训练,磨炼成骁勇善战的勇士。拥有这种独特的魔鬼训练制度的族群,就是定居在台东平原北部、台东纵谷以南沿中央山脉东侧一带的河川平原上,被称为八社十部落,曾经称霸台东平原,号令台东七十二社的卑南人。

卑南人是个纪律严明的族群,男性在青少年时期就要在青少年会所——"塔古半"与"巴拉冠"中接受极为严格的训练。随着时代变迁、社会转型,昔日斯巴达式的训练已不复存在。不过,每年只要是到了12月底,散居各地的卑南人还会回到台东部

卑南人初鹿部落的人面鸟身图纹

落来，为的就是再亲身体验这一年一度、跨越年季的猴祭和大猎祭，一睹卑南人生生不息的生命原动力。

> **知识链接** 台湾少数民族第一位西医——南志信
>
> 南志信（1886—1958），台东卑南人，早年毕业于台湾总督府医学专门学校，是台湾少数民族担任西医第一人，也是少数民族参政第一人，在台东地区以及全台各少数民族群中，皆有深厚的影响力。
>
> 1946年秋，台东县参议会为制宪"国民大会"推举少数民族代表候选人，南志信以高票当选。第二年2月应台湾省长官公署之邀，巡视并慰问全省少数民族，4月与林献堂等人获"国民政府"任命为首任"台湾省政府委员"。南志信于省府委员卸任后，仍担任省府顾问直至逝世。从政期间，积极为台湾少数民族争取权益空间。
>
> 南志信在台东医院服务20年，自公职退休后又自行开业行医17年，他因精湛的医术和良好的医德，深受台东地方父老的崇敬。在穷困的年代，他经常为穷苦人家免费诊治，还提供药品；在激烈动荡的年代，南志信以其认真、开明、饱满的热忱，为广大少数民族同胞服务，赢得了民众广泛赞誉。

飞鱼海洋——达悟人

独树一帜的达悟人，
飞鱼、地下住屋、丁字裤，
一把斧头，一支拼板舟。
飞鱼祭、新船下水祭，鱼与芋的美味，
享受在世外桃源——兰屿。
头发舞、勇士舞，挥洒力与美的韵律，
在碧海蓝天下，
在风涛波浪里。

▲
兰屿岛达悟人

居住在兰屿岛上的达悟人是台湾少数民族中唯一的海洋族群。飞鱼、丁字裤、地下屋，是兰屿达悟人独特的文化表征。敬天畏海的达悟人视大海为粮仓，他们的衣食住行没有一样能脱离大海，就连岁时祭仪都是这样，飞鱼祭、船祭就是达悟人传统文化中与大海密不可分的重要祭典。

达悟人的拼板雕舟闻名遐迩，显示了高超的造船技术。新船造好后，还要举行隆重的下水仪式。除了造船技术，达悟人在打造银器、纺织、捏塑陶壶、泥偶的技艺等均具有很强的族群特色。

达悟人传统社会是平等的无阶级划分的社会,无头目制度。部落中无固定的权力结构,通常以各家族长老为部落领袖,老年人的经验与智慧深受肯定和敬重,特别是对海洋的丰富知识。

达悟人是台湾少数民族中唯一没有猎首习俗,不使用弓箭,也没有酒烟文化的族群。

◀ 拼板雕舟

知识链接 **兰屿达悟人与菲律宾巴丹岛原住民** 达悟人起源神话里有海外起源一说,并得到了民族学家和语言学家的支持。1979年,达悟人颜福寿因为工作关系,跟随匈牙利人类学者到菲律宾巴丹岛进行语言学调查,结果发现彼此的母语十分相似,沟通无碍。颜福寿还与当地伊巴丹族女子相恋结婚,自此开启了两族群尘封的过往。2002年,在各界的关怀协助下,达悟人和巴丹岛伊巴丹人互访交流成功。传统以火诱捕飞鱼的方式、语言、住宅与衣着等等,种种相似的文化,让他们就像失散的亲人,久别重逢。

流浪悲歌——噶玛兰人

吟唱着忧伤的歌曲
流浪,从宜兰到花莲,
一步一回头,流连;
吟唱着欢快的旋律
回到故园——
在刺桐花绽放的花季,
在东山河畔的春天里。
哦,噶玛兰人!新的一年
从这里敲响晨曲

"以前我们的祖先住宜兰/为了生活流浪去/流浪到花莲……"一曲《返乡曲》，道出噶玛兰人多年来背井离乡、鲜为人知的辛酸。噶玛兰人原先世居在台湾东北角宜兰县兰阳平原上，有几十个部落，称为"蛤仔难三十六社"。他们各自为政，过着游耕、渔猎的生活。后来由于赖以生存的大量土地被外族侵占，有些族人陆续经由海路南下，迁徙到花莲和台东沿海一带定居。留在宜兰的噶玛兰人由于人口锐减，再加上汉化太深，几乎被认为完全消失了。而后来背井离乡、饱受颠沛流离之苦的噶玛兰人的后裔，得以保留了噶玛兰人的文化礼俗和濒临消失的噶玛兰语。目前，他们居住在包括花莲县新城乡、花莲市、丰滨乡及台东县长滨乡等处，人口1 000人左右，其中人数较具规模的部落有新社、立德和大峰峰部落。

2002年，在少数民族文化复兴运动的推动下，噶玛兰人终于被认定为台湾少数民族第十一个族群。如今，落脚定居于花东海岸的噶玛兰人，总会在每年三四月间回到原乡宜兰县境。此时，冬山河畔到处绽放着鲜丽艳红的刺桐花。在花季的最高潮，族人会举行一连串的新年祭典，象征着噶玛兰人新的一年开始。如此利用花时来计岁，噶玛兰人大概是台湾少数民族中唯一的族群了。

利用香蕉丝编织制衣，是噶玛兰人独特的手工艺，是台湾少数民族中唯一掌握这一技能的族群，目前，仅在花莲新丰滨乡新社部落里还完整地保留着这项独特工艺。

峡谷柔情——太鲁阁人

跨越中央山脉，散居在
立雾溪谷、木瓜溪谷、道赛溪谷地。
倚太鲁阁大峡谷，危崖天险，
和日本殖民者血战到底！
崇尚彩虹，信仰祖灵，
刺文面，铸彩虹刀，
跨越彩虹桥，和祖先团聚。
太鲁阁人过去长期被作为泰雅人的亚族而存在，其文化习俗与泰雅人有相似处，同样是居住高山，狩猎水耕，视彩虹为神灵，但两族群语言无法沟通，虽毗邻相居但甚少往来。2004年1月，太鲁阁人被台湾当局认定为第十二个台湾少数民族族群。

◀ 太鲁阁少女木琴演奏

为了寻找新的猎场及扩大耕地来源，在三四百年前，太鲁阁人的祖先越过中央山脉，经奇莱山北峰散居在立雾溪谷地带、木瓜溪谷地区及道赛溪谷地带，居住地区涵盖中央山脉，就是现在的整个太鲁阁"国家"公园范围。

太鲁阁"国家"公园，以其风景秀美、峡谷奇观驰名于世。对于大多数人来说，对太鲁阁"国家"公园的认知度仅限于旅游胜地的概念，却常常忽略了它其实还有相当丰富的人文历史。

一百年前的1914年，这里曾经是硝烟弥漫、烽火连天的抗日

太鲁阁"国家"公园 ▼

战场。太鲁阁2000勇士为捍卫祖先留下的土地,为了生存,不惜牺牲生命,以最原始的武器,抗击十倍于自己的日本军警及拥有精良武器装备的日本正规部队达三个月之久,谱写了一曲台湾人民抗日斗争史上惊天地泣鬼神的英雄壮举。今天,太鲁阁勇士的英魂依然护佑着这片被鲜血和悲愤浸染过的土地,激励着子孙后代前仆后继、励精图治,努力去开创新的业绩、新的生活。

和泰雅人相似,太鲁阁人也有文面的习俗。文面代表族群认同、成年、成就及美观,也是通向祖灵桥的辨识标记。

太鲁阁人的铸刀技术历史悠久。刀器包括猎具及农具两大类,有开山刀、弓箭、矛、枪、佩刀、镰刀、菜刀等。太鲁阁人的刀形像弯月,又被称为"彩虹刀",是男人的专属品,象征成长、自食其力及重新展开不同的人生阶段。由此可见,刀在太鲁阁人文化中占据的重要地位。

太鲁阁人的传统宗教信仰是祖灵信仰。每年7月小米收获后,是太鲁阁人"祖灵祭"的重要季节。近年来,太鲁阁人将"祖灵祭"改为"感恩祭",另又分为"织布祭""狩猎祭""收获祭"等,分开举行。

浴火重生——撒奇莱雅人

世居花莲奇莱平原,
隐姓埋名百余年。
属母系社会,采入赘婚,
也有年龄阶级制度。
巴拉玛火神祭上,追念祖先,
祈祷部落和族人浴火重生、世代延绵。

撒奇莱雅人是台湾当局认定的第十三个台湾少数民族族群。世居花莲奇莱平原,分布范围约在立雾溪以南,木瓜溪以北,包括了今花莲县新城乡、花莲市及吉安乡三个地区。目前有三个部落分布在花莲,分别是位于花莲市国福里及德安里、瑞穗乡马力云以及寿峰乡水琏部落,人口为1万多人。

由于惧怕重蹈被灭族的噩运,撒奇莱雅人隐姓埋名了一百多年，一直长期与阿美人杂居在一起，被视为阿美的一个支系，事实上两者之间在语言、风俗、服饰等诸多方面差别迥异。例如：在年龄阶级祭仪上，"长者饲饭"的祝福典礼，为撒奇莱雅人所特有，而撒奇莱雅人每四年年龄阶级必种一圈刺竹围篱，亦是阿美人所没有的部落特色。

撒奇莱雅人属母系社会，与阿美人相似，采入赘婚，从妻居。经济产业为渔业兼狩猎为主，也种植水稻，水稻种植历史甚早。

撒奇莱雅人也有年龄阶级制度，每五年进阶一次。男子从婴儿到15岁为幼年级，15岁到23岁为预备阶级，开始离家住宿在青年会所，服从上一个年龄阶级指挥并接受训练；最后成为成年级，授予年龄阶级成员资格。

巴拉玛火神祭，是撒奇莱雅人特有的祭典活动。

> **知识链接** **巴拉玛火神祭** 2006年7月1日，撒奇莱雅人在花莲市国福部落恢复了停办128年的巴拉玛火神祭。巴拉玛火神祭为撒奇莱雅人后人对祖先的追思祭典。祭典中共有七道法礼，并以红、绿、蓝、白、黑五色使者祈福。仪式中祝祷司为族人以酒沫蕉叶表示护身，而族人持火把巡礼绕圈，体验及追缅先民落难情境。在祈福仪式后，举行火葬仪式燃烧火神太花棺，祈求火神的灵魂能与族人一起浴火重生。

雾社英魂——赛德克人

在雾社，那一片樱树郁然的土地，
为三百勇士，为他们的视死如归，
我们肃立敬礼！
莫那·鲁道，一代英豪和族人，
历史将铭记他们的英勇与忠烈。
去看看《赛德克·巴莱》吧，
去祈祷和平的阳光永远明媚！

赛德克人现有人口9 000余人，原为泰雅赛德克亚族群，2008年4月获认定为台湾少数民族第十四个族群。赛德克人以台湾中部

赛德克人

地域为聚居区域，活动于北方泰雅人及南方布农人之间，集中在南投县仁爱乡。

赛德克人崇尚彩虹，视彩虹为通往祖灵的桥梁。同泰雅人、太鲁阁人相同，赛德克人也有文面的习俗，女子表擅织，男子表英勇。

提到赛德克人，不能不把目光聚焦到"雾社起义"那血雨腥风的历史瞬间。雾社不仅以赛德克人抗日英雄莫那·鲁道及其领导的"雾社起义"而驰名，也以美丽的樱花盛世享誉宝岛。在年年岁岁樱花怒放的时节里，在这片血染的土地上，漫山遍野的樱花，似海浪般翻涌，如雨丝般缤纷，像片片蝴蝶飘飞于尘埃之中，那是雾社赛德克英烈们幻化的身影，在倾诉着对故乡、对族人的不舍和眷恋，是美丽，是哀痛，亦是凄凉。

> **知识链接** **《赛德克·巴莱》** 台湾少数民族史诗巨作《赛德克·巴莱》以1930年日治时期震惊中外的"雾社事件"为背景，真实呈现了台湾少数民族赛德克人抗日"雾社起义"悲壮惨烈的历史画面，歌颂了抗日领袖莫那·鲁道和赛德克人大无畏的英雄气概、视死如归的牺牲精神。影片由台湾导演魏德圣执导，筹划历经12年，动员2万人参与拍摄。该片摘得2011年台湾金马奖最佳影片。

拉阿鲁哇人

拉阿鲁哇人与卡那卡那富人，以往被归类为邹人的"南邹"。两族群于2009年开始正名连署，2010年、2011年相继提出族群认定申请。2014年6月终获支持，成为台湾少数民族第十五、第十六个族群。

拉阿鲁哇人分布在高雄县桃源乡境内的荖浓溪上游两岸，总人口500人左右。拉阿鲁哇人相信祖灵依附在收藏的贝珠中，因而有"贝神祭"。"贝神祭"类似祖灵祭，每两年举办一次，原已失传多年，2002年得以恢复。

卡那卡那富人

卡那卡那富人于2014年6月被确定为台湾少数民族第十六个族群。

卡那卡那富人主要分布在高雄市那玛夏区玛雅里、达卡努瓦里一带，以举行米贡祭、河祭受人瞩目，总人口500人左右。

米贡祭也称粟作祭即农耕祭。河祭主要是祈求上天让族人可以继续享受楠梓仙溪的水生资源。楠梓仙溪里的水藻是卡那卡那富人特有的食材，而其他族群不会去吃溪里的水藻。卡那卡那富人烹饪时有特殊的调味方式，习惯用一种叶子调味，汤会更好喝；而且有一种很像肉粽的食物，是交换礼物的一种，都是其他族群没有的风俗。

第三章
反抗外国殖民统治的斗争

　　台湾少数民族是具有反侵略光荣传统的。在台湾屡遭外国殖民主义者侵略蹂躏的几百年间，无论是对早期的荷兰殖民者，英、法、美等帝国主义列强，还是后来的日本殖民侵略者，台湾少数民族不畏强暴，始终和广大汉族人民一道，战斗在反侵略斗争的最前沿。

武装的少数民族战士

从14世纪开始,外国殖民者不断侵扰我国沿海地区,台湾首当其冲,屡遭骚扰和蹂躏,少数民族同胞奋起反抗,粉碎倭寇的进犯,袭击西班牙殖民者,反抗荷兰殖民者,投入郭怀一的抗荷大起义,支援郑成功收复台湾,终于把盘踞台湾38年的荷兰殖民者赶出了台湾。

清代以来,台湾一直为英、美、日、法等帝国主义所垂涎,1840年鸦片战争以后,帝国主义列强又相继侵略台湾,台湾人民从未停止过抗争。从击退英舰五犯台湾到粉碎美舰"罗佛"号事件,从牡丹社抗日风暴到中法台湾大海战,都有少数民族勇士英勇奋战的身影。

荷、西殖民者侵占下的台湾少数民族

17世纪初,荷兰殖民者组织东印度联合贸易公司,同葡萄牙、西班牙争夺东方的殖民地利益,并于1623年被逐出澎湖后,转而侵占台湾本岛西南沿海一带,并逐步扩展侵略势力,侵占了台湾的西南部和北部。

台湾少数民族面对荷兰、西班牙殖民者的侵略统治,曾进行了无数次的英勇反抗。他们为保卫祖国领土、沉重打击外国的殖民统治,做出了伟大的贡献。

著名民族英雄郑成功于1661年由金门、厦门出发,挥师登陆台湾本岛,经过近10个月的战斗,将荷兰侵略者赶出台湾。在郑成功收复台湾的过程中,得到了台湾少数民族的大力支持和援助。

台湾少数民族反抗荷兰殖民统治

1624—1662年,荷兰殖民者在台湾实行殖民统治长达38年。然而,从荷兰殖民者开始觊觎侵占台湾之日开始,台湾少数民族同胞和广大汉族人民的反抗斗争,从没有停止过。

早在1623年,荷兰殖民者派遣侵略军士兵16人和邦达岛土人到台湾西南部修筑城堡时,目加瑠湾台湾少数民族就集中200多人进行反抗。结果杀死荷兰侵略军3人,重伤8人,把荷兰侵略者赶出台湾岛。

荷兰殖民主义者侵占台湾后,横征暴敛,激起台湾少数民族的强烈反抗。1624年,荷兰殖民者开始在台湾西南侵占区不断建造城堡时,当地台湾少数民族同胞曾屡次用原始的弓箭,射杀砍竹、运砂的荷兰侵略军。1629年,目加瑠湾社为反抗荷兰殖民者搜捕队,曾杀死荷兰殖民者数人。后来,麻豆社也起而响应,杀死荷兰殖民者60余人。1941年,荷兰商务员卫西林率领侵略军到台东强迫马荖烟和大波林民众为其寻找金矿,遭到拒绝。1642年,大波罗社和法沃兰社的台湾少数民族同胞,也因不堪忍受荷兰殖民者强占住房揭竿而起,投入反荷斗争,规模巨大。给荷兰殖民者以沉重打击的武装起义,还有1641年鹿港附近及后来凤山傀儡社的反抗斗争,都使敌人付出了重大伤亡。自1641年——1643年的三年中,先后就有58个台湾少

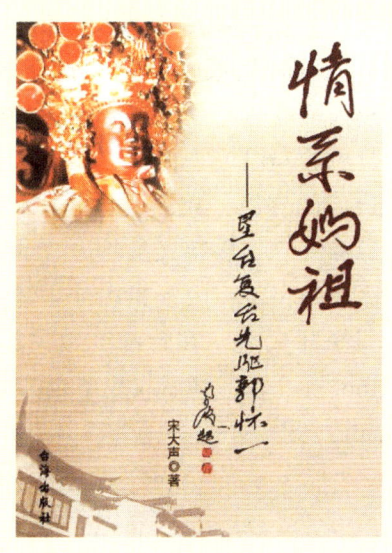

《情系妈祖——垦台复台先驱郭怀一》书影

黄权山《郭怀一起义》油画

数民族村社武装抗荷,从南部琅乔十八社、东海岸的塔马路社和北部的波杰颠、沙路沙颠、金金格诸部落,台湾少数民族反抗荷兰殖民者的熊熊烈火,燃遍了整个台湾岛。

台湾少数民族人民与台湾汉族同胞一起,共同反抗荷兰侵略者,以1652年郭怀一起义事件达到高潮,规模最大。

郭怀一原是郑成功父亲郑芝龙的部下,是赤崁地区长老。他目睹祖国宝岛被荷兰殖民者霸占,广大汉族和少数民族同胞被荷兰殖民者奴役剥削,遂起而组织反抗起义。起义当天,郭怀一率众夜袭赤崁楼,焚烧赤崁届赤崁街,远近群众纷纷前来投入战斗,起义队伍迅速发展到16000余人。起义中,台湾少数民族与汉族人民并肩作战,给荷兰殖民者以沉重打击。经过14天的鏖战,数千名起义群众惨遭杀害,郭怀一也在战斗中壮烈牺牲。这次起义虽然失败了,但他更加坚定了台湾各族人民驱逐殖民者,收复祖国神圣领土的决心和斗志。十年后,民族英雄郑成功,在台湾少数民族和广大汉族人民的支援下,于1662年2月,终于收复了台湾,结束了荷兰在台湾38年的殖民统治。

台湾少数民族支持郑成功收复台湾

郑成功收复台湾的伟大胜利,是与台湾少数民族和汉族人民的积极支持分不开的。当郑成功大军到达禾寮港登陆时,附近的台湾少数民族和汉族同胞数千人闻讯赶来迎接。他们用货车和其他工具帮助郑军登陆,引导郑军占领险要据点,并尽一切可能来支援祖国大军。赤嵌附近的新善、开感等地的台湾少数民族村社长老,纷纷前来迎附,受到郑成功的热情接待,使台湾少数民族同胞深受感动。此后,南北路各社纷至沓来,到处"罗列恭迎,跳跃欢舞",迎接郑成功大军的队伍;郑军所到之处,无不受到当地各族民众"男妇壶浆,迎者塞道"的礼遇。

在郑成功军队驱逐荷兰殖民者的战斗中,台湾少数民族同胞还积极帮助解决军粮需要。当时,郑成功的"护官运粮船不至,官兵乏粮",台湾少数民族和汉族一起,输纳番薯杂粮,一供军需。

台湾少数民族同胞不仅从物质上给郑军以有力支援,而且积极配合郑军袭击荷兰殖民者。有一次,14名荷兰士兵流窜到新港,被台湾少数民族全部歼灭。赤嵌附近有116名荷兰殖民者,听到郑军登陆的消息,吓破了胆,逃到台湾少数民族居地,被当地村民群起攻之,最后不得不放下武器投降。在下淡水溪的一批殖民军,也遭到台湾少数民族和汉族群众的袭击,伤大半,另有8人被杀死。久居卑南的80名荷兰人在仓皇撤退台湾城途中,也连

郑成功收复台湾插画

遭伏击。基隆、淡水等地的台湾少数民族放火焚烧了荷兰东印度公司，俘获荷兰船一艘，并联合其他部落村社，截断荷兰殖民者的航路，准备攻击基隆要塞，迫使60名荷兰守军仓皇登船，逃往日本。

正是在台湾各族人民的积极支持和配合下，郑成功军队才能迅速收复台湾失地，迫使盘踞台湾38年之久的荷兰殖民统治者俯首投降，使台湾重新回到祖国的怀抱。

台湾少数民族反抗西班牙殖民统治

在荷兰殖民者侵占台湾西南地区不久，西班牙殖民者于1626年也窜入台湾北部，侵占了鸡笼（基隆）、淡水，台湾北部少数民族奋起抵抗西班牙殖民者的入侵。1632年，贪婪的西班牙殖民者企图把占领区再扩大到宜兰地区，遭到当地少数民族的坚决阻击。当西班牙的船只到达宜兰时，台湾少数民族同胞突然袭击，将船上的58名殖民者全部消灭，使侵略者强占宜兰的企图化为泡影。不甘心失败的西班牙殖民者从马尼拉调来军队进行报复，大肆烧杀，焚毁了7个少数民族村社，许多台湾少数民族同胞惨遭杀害。侵略者的暴行，激起台湾少数民族的无比愤慨，他们退据山区，坚持斗争。直到1634年，西班牙基隆守将罗米洛再派几百名侵略军镇压，但台湾少数民族仍坚持反抗，不屈不挠。

1633年，在淡水传教的2名西班牙神父被愤怒的当地村民杀

荷兰根据历史资料重新建造的"巴达维亚"号三桅盖伦型炮舰

> **知识链接** 根据荷兰殖民者《巴达维亚城日志》记载：在1634—1636年间，有一天鸡啼时，台湾少数民族人民再一次袭击淡水城的西班牙殖民者，杀死西班牙侵略者70人（其中传教士2人），焚烧西班牙所建城堡，迫使其他西班牙侵略者逃离淡水。1637年，在特波里安附近基波尔摩瓦，台湾少数民族曾杀死一船西班牙人共301人。西班牙殖民者派出大批侵略军报复，焚烧全社房屋，但台湾少数民族人民坚持斗争，毫不屈服。1640年，淡水少数民族又袭击杀死西班牙人40人，使其余十几人乘舢板船从海上逃生。

死。1636年，西班牙出动军舰，借追查此事挑起事端。台湾少数民族同胞获悉后，群情激愤，纷纷武装起来，当西班牙军舰到达时，漫山遍野鹿角齐鸣，响彻山谷，300名英勇的弓箭手严阵以待，万箭齐发，舰上的侵略者全部毙命。他们还乘胜追击，焚毁西班牙炮台4座，袭击淡水城堡，杀死守军30人，迫使其余西班牙殖民者仓皇逃往鸡笼（基隆）。

西班牙殖民者在侵占台湾北部的十几年间，不断遭到台湾少数民族人民的武装打击，他们如火如荼的反抗斗争，使西班牙殖民者胆战心惊，惶惶不可终日。

可歌可泣的抗日斗争

1895年，清政府在甲午战争中失败，被迫与日本签订了《马关条约》，台湾沦为日本的殖民地。在长达半个世纪的漫长岁月里，为反抗日本侵略者的殖民统治，据不完全统计，先后有65万台湾同胞捐躯殉国，而当时台湾的总人口不过600万。

在台湾人民艰苦卓绝的斗争长卷中，台湾少数民族的抗日斗争谱写了最为惨烈悲壮的一页。从1896年太鲁阁人发动的第一次武装反抗起，至1933年布农人策动的最后一次武装抗日，在历时近40年的时间里，台湾少数民族为了维护自身的生存权益和尊严，为了保卫祖祖辈辈生于斯长于斯的土地和传统的生活方式，共发动了大大小小的抗日事件70余起，几乎每个族群都进行了英勇的反抗斗争，致使日本殖民统治者动用军队7万多人次，伤亡超过3 000人。穷凶极恶的日本侵略者出动大批警员包括正规军队与少数民族同胞交战，有文字记录的就达27次之多，其中兵力规模超过1 000人的至少有十余次。他们采用严厉的围堵策略、血腥的焦土政策和惨无人道的屠杀手段，甚至动用飞机大炮，释放化学毒气弹，残酷杀戮、灭绝反抗的少数民族部落。

台湾少数民族抗日事件分布图 ▶

面对拥有现代化武器装备武装到牙齿的日本侵略者，台湾少数民族同胞凭借几近原始的弓箭、长矛、猎枪，在没有任何外援的情况下，与敌人展开了殊死搏斗。虽然没有确切的统计数字反映出台湾少数民族在抗日斗争中为国捐躯的英烈和勇士名录，但是他们英勇不屈、前仆后继、慷慨赴死的惊天地泣鬼神的英雄壮举，已经写进了中国人民抗日斗争的历史长河，成为中国早期抗日斗争史实中最重要的一部分，是中国人民抗日斗争的重要组成部分，也是全世界人民反法西斯斗争的一个组成部分。

日警残酷屠杀少数民族同胞 ▶

他们的斗争精神，令侵略者胆战心惊；他们的灵活战术，令侵略者惶惶不可终日；他们用大无畏的民族精神和英雄气概，打击了不可一世的侵略者的嚣张气焰，粉碎了日本殖民者不可战胜的神话。

从19世纪末到20世纪30年代，透过一个个反日抗暴事件：

武装抗日的四林格社排湾人

牡丹社事件、南庄事件、梵梵山事件、七脚川事件、李栋山事件、霞喀罗事件、太鲁阁战争、浸水营事件、布农人拉荷·阿雷事件、雾社起义等等，可以看出台湾少数民族武装抗日斗争次数之多、规模之大、时间之长，令人感叹。其中，不乏几个部落数百人乃至上千人拼死抵抗的英雄壮举，或是单一家族数十人长期坚持抗日近20年的传奇事例。

牡丹社事件

　　同治十四年（1874），有琉球船民遭台风遇难漂至屏东，被恪守拒斥外族人入侵的排湾人掠杀。1881年5月21日—7月1日，日军租用美国轮船，在美军顾问指挥下，组成3 658人的大军远征恒春半岛，"围剿"屠杀了牡丹社大头目，焚毁整个部落，排湾人以微薄之力坚持抗战两个月，终因不敌重兵镇压，被迫投降。战争中日军伤亡29人，另有561人因热带疫病而死，当时美国纽约前锋报也派遣记者作报道，使牡丹社事件成为台湾首度闻名国际的大事件。

南庄事件

　　19世纪，樟脑是一种昂贵的高级香料，台湾从1851年起持续60年樟脑产量位居全球第一，日本侵占台湾后即开始疯狂掠夺台湾的樟脑资源。苗栗南庄乡是樟树的最大产地，也是赛夏人的聚集地。日本商社的巧取豪夺，终于激发了赛夏人的反抗浪潮。

1902年7月6日，拥有清朝六品军功头衔的赛夏部落首领日阿拐，联合临近的赛夏人、泰雅人、汉籍佃户500人，发起武装抗日行动。日军出动步兵、炮兵、工兵、宪兵、警察组成的1 080人的部队，镇压起义者。双方激战3个月，日军死22人、伤36人，少数民族战死10人。当年11月17日，双方约定在南庄和谈，日本军警假意欢迎投诚，暗地里埋伏重兵，致使多位前来谈判的少数民族代表被杀害，仅16人侥幸逃脱，史称"南庄事件"。日阿拐从此隐居鹿场深山，一年后含恨病逝。

南庄抗日事件

"南庄事件"是日本侵占台湾后，首度由少数民族发动的抗日武装斗争，起义者包括赛夏、泰雅两族群以及与赛夏人长期和睦相处的汉族同胞，是一次台湾各族民众联合抗日、捍卫家园的行动。

七脚川事件

七脚川是阿美人在花莲县最强大的社群，原居于花莲市南郊的吉安乡。从1896年至1907年长达11年的时间里，七脚川部落里的青壮年被日警征调去围堵攻打太鲁阁人，严重导致部落延误农耕，难以维持基本生计，终于酿成了1908年的抗日斗争。

1908年，日本警察又强征七脚川部落的阿美人充当隘勇，企图让他们配合日军围堵镇压抗日的太鲁阁部落。被强征的阿美人因不满日警的压榨,一部分人愤而联络住在木瓜溪上游的赛德克人,联合袭击七脚川日警驻在所,杀死日警并焚毁警所。花莲日警前来镇压,激起部落全体族人的激烈反抗,反抗浪潮波及花莲市区。台湾日本总督府急忙调遣384名步兵、390名炮兵实施剿杀。族人们遁入深

被日警俘虏的七脚川头目的4个儿女

七脚川部落被焚为焦土

山坚持抗日,日军久攻不下,只能以隘勇线进行围堵。三个月后,部分族人因断粮不得不下山,另有百余阿美人继续藏匿于深山,从事抗日活动达6年之久。这就是台湾抗日历史上著名的"七脚川事件"。"七脚川事件"是阿美人在日本统治期间最大的抗日斗争。

霞喀罗事件

霞喀罗社群居住于新竹五峰乡的深山密林里,是泰雅人中最勇猛、强悍的社群,虽只有4社600余人,却从1913年起与日本军警进行了长达13年之久的武装斗争,其间还发生过4次大型战役,直到1924年被日警以隘勇线四面包围,无路可退,族群里的青壮年牺牲殆尽,抗日斗争才告停止。日军连续开辟两条横越高山、深入部落的军事道路,企图彻底剿灭泰雅起义者。其中霞喀罗警备道路全长53.6公里,沿途平均每2.3公里就设置一座警所,警所密度之高,在台湾山地堪称空前绝后。

1913年8月,日本殖民者出动3 384员军警,企图征服新竹五峰乡霞喀罗4社的泰雅人,激烈的战斗持续不断。在日军死亡98人、伤147人之后,霞喀罗社部落终因弹药耗尽而停止反抗。

走过隘勇线的日警队伍 ▶

1917年5月，霞喀罗社群的泰雅人再次攻击日本统治区，遭到日军540人追击，三个月内激战十余次，最后日警虽攻入部落，但因孤军深入，死伤多达171人，只能讲和撤军。霞喀罗社群为防御日军再次侵入，被迫移居到苗栗泰安乡马达拉溪深山继续抗日。1920年3月，霞喀罗社群又连续袭击日警。日警镇压无效后，开始利用族群矛盾，组成569人的蕃人队，分十余次深入马达拉溪袭击霞喀罗群，造成部落族人伤亡严重，但仍有3社47户240人占据马达拉溪顽强抵抗。1926年霞喀罗社群部落被攻破。

> **知识链接** 隘勇、隘寮、隘路、隘勇线 启于1899年，是日治时期台湾总督府在台湾山区兴建的以围堵少数民族反抗活动，截断少数民族与外界联络和补给通道为目的的防卫线设施。(1)"隘勇"为守备的壮丁；(2)"隘寮"是隘勇全天候保持警备的前线堡垒；(3)
>
>
>
> "隘路"是隘寮间的联络道路，路宽1.8米以上，隘线外100米的区域内，伐除竹木杂叶，以防少数民族潜伏；(4)"隘勇线"是架设在隘路上的通电铁丝网，为高压电流，一触立即毙命，铁丝网与隘路平行，电柱高1.36米，装上4条电线，每条电线间隔0.24米。日本统治时期，日本殖民统治者沿山构筑的隘勇线长达400多公里。(5)副防御：隘勇线上的副防御为地雷、电流铁丝网、木栅、掩堡、探照灯等5项，此外还有普通架设的电话线。

太鲁阁战争

日本军队经过多年征讨作战后，台湾北半部的少数民族中坚持抗日斗争的只剩下太鲁阁人。为了彻底消灭这支仅存的抗日武装力量，1914年曾领军镇压牡丹社事件的台湾总督佐久间大将，率领2万名陆军与警员组成的部队，分别从合欢山与立雾溪口，兵分七路"围剿"只有2 000人的太鲁阁部落。这是一场发生在3 000米高山上的战斗，也是日本侵略者使用机枪大炮对台湾少数民族部落实施野蛮血腥镇压的历史铁证。战斗从5月下旬展开，至8月13日结束。虽然日军镇压了太鲁阁人的反抗，但其本身死伤高达2 200人。总督佐久间也在战场上失足坠崖，半年后因旧伤复发而亡，成为日本侵华史上最高军阶的阵亡者。此次战役史称"太鲁阁战争"。

日警急行军绞杀太鲁阁人

拉荷·阿雷的传奇故事

花莲布农人卓溪乡大分社头目拉荷·阿雷于1915—1932年期间，带领族人盘踞深山老林近20年，以游击战术克敌制胜，与日军长期作战，使日军伤亡惨重。拉荷·阿雷成为当时反抗日本统治时间最长的少数民族英雄，被日本人称为"最后的归顺番"。在日本侵略军肆虐中国和西太平洋群岛的横行时代，竟然和一个布农人家族作战长达近20年，即使开辟两条横跨中央山脉的军事道路也无法获胜，最后只能主动求和，并允许该家族成员无罪自由居住，这在日本人的侵略历史上也是空前绝后的。

布农人抗日英雄拉荷·阿雷

第三章 反抗外国殖民统治的斗争

震惊中外的雾社风雷

1930年爆发的雾社起义是台湾少数民族规模最大的一次抗日武装暴动。

1930年10月27日,南投仁爱乡赛德克人德奇塔雅群,因不堪忍受日警的长期奴役和歧视,在马赫坡社头目——莫那·鲁道的带领下,联合荷歌社等6部落族人,发动了反日起义。他们趁日本人聚集举行年度运动会之机,突袭雾社小学,杀死日本人134人,夺走武器后隐遁深山。台湾总督府遂调动日警1 163人、陆军800人、脚夫1 381人上山"围剿",镇压起义队伍。莫那·鲁道领导族人退守马赫坡岩窟,以游击战与敌人周旋,给日军以沉重打击。

雾社起义英雄莫那·鲁道(中)

由于日军在反攻初期就遭遇重大损失,遂改以威胁利诱手段,强迫同为赛德克人的另外两社群以及泰雅人担任第一线讨伐任务。雾社抗日族人在日本军队大量使用飞机轰炸、枪炮射击,再加上毒瓦斯的攻击下饥寒交迫、弹尽粮绝,12月8日以集体自杀的形式拒

> **知识链接** **雾社起义抗日英雄——莫那·鲁道** 莫那·鲁道(1882—1930)是我国历史上一位著名的抗日民族英雄,为1930年10月雾社起义首领,赛德克人南投雾社地区马赫坡社头目。莫那·鲁道在青少年时期就以彪悍善战闻名。1930年10月27日,为反抗日本暴政统治,他联合马赫坡社等6部落300多勇士,趁举行雾社公学校运动会之机,袭击日警,攻占派出所,夺取日本人的武器弹药,歼敌134人,史称"雾社事件"。最终,起义战士不敌日本军队的狂轰滥炸、残酷镇压,全部壮烈牺牲,莫那·鲁道的家人也集体自尽。莫那·鲁道独自走入深山中,用他随身携带的长枪结束了年仅48岁的生命。1933年,日本人意外寻获他的遗骸,将他的遗骨和长枪在某次展览会上公开展示,之后又送到台北帝国大学(今台湾大学)当作学术研究的标本。1974年,莫那·鲁道的遗骨才迁葬到雾社的"山胞抗日起义纪念碑"旁。

莫那·鲁道烈士墓

日警炮轰雾社山地

绝投降，莫那·鲁道及其家人也饮恨自尽。战争结束时，参与抗日的1 236位赛德克男女族人，有343人战死，290人自缢，举族仅剩49%人口。这就是震惊中外的雾社抗日起义。

雾社起义的影响是巨大而深远的，它沉重打击了日本侵略者的嚣张气焰，使其在人力、物力上付出了沉重代价，死伤者达4 000余人。日本帝国主义不仅在军事上威风扫地，政治上不得人心，在经济上也遭受到巨大损失。为挽回败局，日本政府不得不撤换了台湾"总督"、"警务局长"和台中州头目。

雾社起义犹如一声巨雷，震惊了东方，它极大地鼓舞了台湾各族人民的抗日民族解放斗争，反日浪潮从此风起云涌。

为纪念雾社起义者的英雄业绩，1953年台湾当局建立了雾社起义烈士陵园，供世人瞻仰。在四柱三门的大理石牌楼上，醒目的额题"碧血英风、典型足式、中垂青史"，遒劲有力，令人肃然起敬。 这正是"百战忠魂，千秋恨事，一朝义愤，万古馨香"。雾社起义作为中华民族反侵略斗争史、台湾人民抗日史上光辉的篇章将永载史册，莫那·鲁道的英雄事迹将万古流芳。

第四章
少数民族部落风土漫记

　　由于台湾少数民族各族群在语言、祭仪信仰、文化传统等多方面呈异彩纷呈状况，因此其风俗习惯非常多元，既有一致的共性特征，也存在着诸多差异。一致性体现在社会组织方面，分属父系氏族社会、母系氏族社会及贵族社会制度；大部分族群均有头目和长老制度，或民主推举，或实行世袭制等；再如除达悟人外各族群均有"出草"的习俗。差异性表现在婚姻制度、丧葬习俗、成年礼仪、身体毁饰、生育与命名方式、禁忌等多方面，各族群各具特色，如泰雅、太鲁阁、赛德克人的嘎嘎观念与文面习俗，阿美人的年龄阶级制度，邹人与卑南人的会所制度等等。

母系氏族社会、父系氏族社会及贵族阶级社会

台湾少数民族在亲族组织方面，分属母系氏族社会和父系氏族社会两大不同形态。其中布农人、赛夏人、邹人、邵人、泰雅人、太鲁阁人、赛德克人、达悟人、拉阿鲁哇人、卡那卡那富人属于父系氏族社会，排湾人、鲁凯人则以贵族宗家为主，阿美人、卑南人、噶玛兰人、撒奇莱雅人及平埔诸族群为母系氏族社会。

母系氏族社会

母系氏族社会的主要标志是由妇女掌握家庭财产，继承母姓，婚姻采取招赘婚。阿美人是台湾少数民族中典型的母权制社会，女性在家族中拥有绝对优势的权威地位，男性处于从属地位。婚姻形式为女性招赘，婚后居于女家。有关家庭亲族事务与财产由女性户主做主，包括从母姓、土地与财产由女性继承。但母系社会中的母女权威只限于家庭中，其他重要事务诸如捕鱼、建筑、婚姻、家产分割等，则必须由出赘的舅舅返回家里共同决

▶ 头顶陶瓮运水的阿美妇女

策。如果是关系到整个部落的政治、司法、战争、宗教等公共事务，则要由成年男子组成的部落会议来处理。所以严格说来，阿美人社会，是属于两性平等的制度，只是受外来文化的影响，这种社会制度已慢慢消失。

随着时代的变迁，母系制度已不复往昔，最明显的例子就是平埔诸族群。平埔人过去重女轻男，随着清初渡海来台的汉族移民，不断入赘平埔人家庭后，根深蒂固的父系思想逐渐取代了平埔族群母系氏族社会，更进而汉化了平埔诸族群。

父系氏族社会

其基本性质是从父居、从父姓、父系承继、嫁娶婚，实行父长制。与母系氏族社会相比，父系氏族制度的族群，仍然保存了完好的氏族规范，这与当今社会父系权威思想一直占主导地位的状况不无关系。

贵族阶级社会

台湾少数民族中，排湾人、鲁凯人实行的是以"贵族宗家"为主的阶级社会制度，阶级内部制度严格，社会地位分明。贵族为氏族部落头目，实行世袭制，享有至高的权力和尊荣，平民处于最下层。在继承制度上，排湾人由长嗣继承，不论男女，鲁凯

◀ 鲁凯人

人则规定只有长男才有继承权。

部落组织与领袖制度

　　"家族"是台湾少数民族社会中最基本的单位，许多"家族"聚集在一起就形成了"部落"。"部落"是少数民族各族群最基本的社群自治单位，是随着相同地域而组成的原始政治组织。部落之上还有领导团体，如部落会议、长老会议等，负责处理部落公共事务、决议各项政策。在每个领导团体中都必备一位领袖，叫作"头目"，头目的产生因族群不同，有的是通过"选举"产生，有的则是世袭头目。排湾、鲁凯、邹为世袭制，布农人头目是长老们互选贤能之士产生的。对于头目的性别，排湾人、阿美人没有限制，男女均可。而母系社会的阿美人、卑南人则凭借严谨的年龄阶级组织、会所制度管理部落公共事务。

排湾土坂部落陈枝仔头目祖灵屋内人像图纹浮雕

　　这套完整的制度，维系了少数民族社会历经各种波折而能保持传统的组织运作。可惜，这种社会控制的重要枢纽在台湾当局将少数民族部落纳入村里体制，实施"民主选举"之后彻底瓦解。1950年，台湾当局实施地方自治，自此以后，少数民族开始通过公民直接选举，选出乡民意代表、乡长、村长、县议员、"立法委员"等民意代表。如此一来，原来在部落中扮演着重要角色的部落领袖，大部分改由汉人担任的民意代表所取代，导致部落原有的控制力消失，为少数民族传统社会带来激变。如今，长老会议、头目领导形同虚设，仅是名称上的尊荣，没有太多实质意义。

各具特色的社会组织

少数民族社会是所谓的部落社会，它虽然不似现代国家具备职能分化的政府机构与职业官员，但在部落中仍有一定的组织与领导。由于各族群生活特性迥异，社会组织亦不尽相同。如：邵人的头人制度，排湾人与鲁凯人的贵族、士、平民阶层，卑南人的青少年会所制度，阿美人的年龄阶级制度等，都属于台湾少数民族的社会组织。

泰雅人、太鲁阁人、赛德克人：嘎嘎（嘎雅、嘎撒）组织

进入泰雅、太鲁阁、赛德克族群社会，一定要知道嘎嘎（嘎雅、嘎撒）组织。嘎嘎、嘎雅、嘎撒只是这三个族群对他们的社会组织的不同称谓，其意义和内容一致。泰雅、太鲁阁、赛德克为父系社会，嘎嘎组织为其部落的基本单位，原则上是由某一个地域内的父系血亲为主，加上部分姻亲与朋友所组成。如果宗族中有人搬迁他处，也可另组嘎嘎组织。同一嘎嘎组织的成员，必须共同分担狩猎、耕种等劳务，共同祭祀，一起抵御外敌，并必须遵守同样的禁忌与道德规范，如此才可以得到祖先保佑和赐福，避免灾祸发生。如果不遵守嘎嘎，就会触犯祖灵而遭受惩罚，并且还会连累同一嘎嘎的族人。因此，嘎嘎是猎团，是祭团，是战斗团体，也是共生死、共荣辱、团结一致的生命共同体，每个人从出生到死亡都离不开嘎嘎。嘎嘎包含了泰雅人、太鲁阁人、赛德克人所有的行为规范，包括对自然现象的诠释、文面习俗、命名习惯、价值观念、行为举止、婚丧习俗、神灵崇拜等等。

▲ 勤劳的赛德克妇女

◀ 日本统治时期的太鲁阁人

> **知识链接** **泰雅的"嘎嘎"（gaga）** 观念代表祖先遗训的gaga是一种社会规范与日常生活习俗的戒律，是泰雅人维持社会和谐团结最重要的法宝。信仰同一个祖灵的泰雅人，就是属于同一个gaga。在特定的日子，同一个gaga的泰雅人会共同举行祭奠；在日常生活中，他们则必须遵守gaga的各种生活规范与禁忌。这样，祖灵才会赐福保佑。

阿美人：严谨的年龄阶级制度

昔日，阿美人的社会组织以长老会议、头目领导、年龄阶级制度、母系系统为中心。长老会议负责咨询与监督的角色，并推选贤能之士担任头目一职，由头目统筹部落内外公共事务的指挥与调度。如今，行招赘婚的婚姻方式在部落里已不多见，但年龄阶级制度仍旧在丰年祭的祭仪活动中发挥着重要作用。

◀ 阿美人成年礼仪式

阿美人的年龄阶级制度，在台湾少数民族中是最完全、内容最复杂的，这一制度构成了母系氏族以外另一个社会生活的基础，一切部落习俗都以这一制度为出发点。它具有强大的约束力量，对阿美人政治、经济、教育、伦理以及整个社会正常运作意义重大，是部落社会结构的中心，也是阿美人部落延续发展的根本。

所谓年龄阶级制度是由男子依年龄组成的集团，负责部落事务，如政治、战争、祭仪、农耕、渔猎等运作。每个部落都有男子集会所，是行政与教育中心。阿美男子约在11岁到15岁即准备入组，成为传令员；16岁至19岁，经过第一次成年礼，升为预备服役组；20岁至22岁，经过第二次成年礼，接受一个组名（此组名跟随这个人，终身不变）晋升到严格的服役期，此时方有资格结婚。以后，从这个阶级开始，随着年龄增长，每隔三年再进阶到更高层级，每阶级各司其职，从部落服役工作、管理阶层、司祭一直到长老退休。

年龄阶级制度以长幼和职责为原则，把人的一生大体划分为几个阶段，凡到一定年龄的男子，均被列入既定的同龄人的等级之中，自觉履行各自等级对社会的职责和义务。年龄阶级中通常以2岁至5岁为一等级，分为青年组、壮年组、老年组，每个等级有严密的分工制度，下一阶级者要绝对服从上一级的教导，如果违背，同一级的同伴都会受到惩罚。同样的，如果有奖励，也是以同一阶级为单位。年龄阶级制度最重要的是长幼有序的传统，也就是前辈提携后辈，晚辈服从长辈的基本精神，如此联结成一个完整的部落组织。

东海岸阿美人

年龄阶级严明的阿美人，在服饰上也显现出这种特色

年龄阶级的分工形式

青年组	服役阶级。负责全部落的公共事务，如建筑、筑路、修桥、土木、耕种、狩猎、作战、出征及祭祀的各种准备工作。
19—22岁	负责清洁、搬运等杂物以及学习。
22—24岁	保护老人、生火、运水、搬运、取木柴。
25—28岁	劳务工作最繁重的阶层，举凡开路、狩猎、耕种、战斗、甚至到山上砍取会刺人的黄藤，都是他们的任务。
29—32岁	劳务领导与保护作物、狩猎、捕鱼都要参加。
33—36岁	留守、保护部落，是战技最熟练的阶级。
37—40岁	观望敌情，召集、分配任务，管理青年组。
壮年组	执行阶级，为政治领导者，在会所活动中多执行督导角色，是年龄组织的中坚力量。
41—44岁	头目助手，筹划与协助招待。
45—48岁	头目与长老。
老年组	决策阶级，已经退出年龄阶层，但还有权力。
48岁以上	主要担任部落领袖与年龄阶级制度的顾问，也是受人尊敬的老人。

年龄阶级制度对青少年的严格训练

年龄阶级组织对将要进入组织的青少年首先要进行严格的训练。通常阿美的男孩子，在大约9岁的时候，就要开始到男子会所去学习，这个阶段的男孩子还没有正式进入年龄阶级制度，他们的任务是为3年—5年的升级做好充分准备；等到了13岁—14岁时，就要加入该部落的最低年龄组织，在集会所接受成为一个男人的训练。同一年龄阶级的男孩子在集会所里要共同生活，学得生活所需要的一切知识，并接受体能训练。他们除了在自己家里吃饭之外，一切起居活动都以集会所为其日常生活的重心。对于未晋级的少年，平时不得在自己家里用餐、睡觉，对上一年龄级必须绝对服从。在成年仪式或者入会仪式中，少年们必须接受各种考验，如跑步竞赛、狩猎、捕鱼等。阿美男子从青少年开始即进入男子会所，接受训练，直到结婚才可离开会所入住妻家。

年龄阶级最大的特色是野外战斗及求生训练，比如越野赛跑、摔跤、撕山猪皮、锯木头、掷标枪、打猎、捕鱼等，都是训练内容。最令青少年难忘的是，必须在白天至黑夜的数天中，在野外度过自给自足的求生训练。

邹人的精神地标："库巴"（Kuba）

库巴（Kuba）是邹人部落中最神圣的地方，是邹人进行祭祀仪式的重地、长老会议的开会场所、部落公共事务的公告处、男子教育训练的中心、男子出征狩猎的集散之所。

库巴建于部落的中央，为长方形干栏式无壁建筑，以粗大的圆木为支架，屋顶铺覆着厚厚的茅草，再以竹条绑压固定。屋面为长方形，纵深两面为出入口，东向为正门，以木梯上下。

库巴中央有一火塘，终年不灭，代表邹人的生生不息。火塘上方有一长方形置物架，以黄藤皮细削成绳索状捆绑而成。库巴入口处左侧有一藤编的长方形藤笼，是放置敌首的地方，右侧的藤笼则放置打火石袋及盾牌。打火石袋是每一个男子上山打猎、征战的随身携带物品。对于部落有特殊功绩的人，在他死后，族人将他的火石袋放在库巴，以示永远的怀念，也是族人最大的荣耀。

库巴的内部使用空间分为前、后两半。前半部以木板拼钉而成，是部落会议、训练及重要仪式进行的场所；后半部以藤条编排而成，是休息、游戏的空间。

库巴屋顶上方及左右两侧各栽植有两株木檞兰，族人称之为

邹人的库巴集会所

▲ 战祭是邹人的重要祭典，通常是在库巴前举行

金草或神花。金草与染红的山芙蓉树皮被族人视为神圣之物，在祭祀时会绑在手臂或斜插在头上，以示避邪。

> **知识链接** 木槲兰为邹人的神花，原本生长于高山原始森林的老树干上，不易摘得。传说它是军神"伊发弗欧"的饰物。战祭（Mayasvi）中的邹人勇士必须佩戴木槲兰迎神，才能得到神的庇佑。平时族人对木槲兰的照顾更是无微不至，因为这关系到战祭能否成功举办。

库巴广场前必有一株赤榕，赤榕为邹人的神树。邹人相信在举行凯旋祭时，天神"哈莫"、军神"伊发弗欧"会沿着赤榕树而下，进入会所。因此族人在祭典时，在神树前杀猪祭神、敬献供品，而从神树至库巴的空间是神圣的，不容许闲杂人穿越的。

库巴不仅是邹人大社的重要象征，也是邹人男性的重要社交活动场所，可以说每一个邹人的男子一生，都几乎脱离不了库巴。库巴的存亡也代表了部落的存亡。比如邹人的男子自打出生后不久，就须由母亲方面的家人（通常是舅舅）抱到库巴，让神认识这个新生儿，通过初次登临库巴的礼仪后才算是邹人的一分

▶ 穿着传统服饰的邹人男子

子。到了十一二岁,就必须进入库巴,接受生活技能、礼仪、部落历史的学习与训练以及作为一个勇士的养成教育,等到成年以后,肩负起部落安全的防卫任务。可见库巴在邹人心目中的地位。

过去,库巴的日常活动场景是如何开展的呢?让我们来解读这样一幅图画,画面上人物众多,情景交融。看,一位头戴皮帽的老者正兴致勃勃地讲着什么,周围聚集了十多个稚气少年,聚精会神地在倾听,有的表情惊诧,有的艳羡,还有的似要跃跃欲试;突然,一阵浑厚有力的歌声传来,从低沉渐渐到高亢,回荡在空中,原来是一位虎背熊腰的大胡子勇士,唱起了古老的狩猎歌谣,引得众人群情激奋、拍手应和;建筑中央的火塘边,有位威严的中年人,正与身旁的年轻人边喝酒边谈话,神情凝重,似在商议大事。这些男人均身穿红衣,腰挎佩刀,头戴插有翅飞羽的帽饰,个个虎虎生威、雄姿挺拔。

目前库巴只有在举行凯旋祭时才派得上用场,平时很少有人在此活动了。

卑南人的青少年会所:"塔古半"与"巴拉冠"

台湾少数民族中只有卑南人有青少年会所——"塔古半"和"巴拉冠"。深究卑南人,真正能够让这个人口仅1万余人,四面又有布农人、鲁凯人、排湾人、阿美人等强邻环伺的小族群,得

第四章 少数民族部落风土漫记 077

卑南人塔古半少年会所

以在东台湾屹立不倒,凭借的就是其会所制度。所谓"会所"就是卑南人对其青少年实施教育训练的场所。

少年会所——"塔古半"(13—18岁) 卑南人的男子在十二三岁时就要进入少年会所"塔古半",接受包括生活礼仪、神话传说、族群历史、手工艺及狩猎战技的训练。会所为干栏式高架建筑,以数十根圆木桩或粗竹架支撑,上层为圆形空间,四周有回廊便于瞭望,防守兼顾。每年农历八月,长老就带领少年们,在部落附近搭建新会所。从这时开始,少年便集体住在会所里,接受集训,直到年底猴祭结束,再将会所拆除,来年重建。

少年会所分为六个学习阶段,如果成绩不佳,会以留级来惩罚,因此每个人都必须认真对待。会所实行学长制,采取高年级管理低年级的制度,低年级一切听从高年级的指导,一级管一级,而由第六年级的"玛拉达万"(四、五、六年级均属之)统筹整个会所。在第一、二年级时,有试胆量的训练课程,方式由长老或学长们派低年级学员至坟墓或阴森恐怖之地取回事先放置的信物,如果无法完成任务,必须接受所有"玛拉达万"的鞭笞,严格程度可见一斑。

目前只有南王部落还保有少年会所,但生活训练已荡然无存,仅留有少年刺猴祭典的活动。而知本村在1993年重建会所,并在收获祭期间执行7天的会所训练,且保留所有少年住宿于会所的习惯。1995年也首次恢复了少年猴祭的举行。

卑南人对青少年实施教育训练的场所

青年会所——"巴拉冠"（18岁以上） 从少年会所毕业后，就进入了青年会所"巴拉冠"。在青年会所里必须接受为期三年的"苦刑期"的训练，不管任何季节都是赤裸着上身，只围一条短裙。在此期间，不准与异性交谈，要服从长老、煮饭、砍柴，做许多粗重的工作，甚至走几公里的路程挑水。晚上睡觉时，还须不时地添加柴火，不能让会所里的火塘熄灭。经过这样三年的训练，才能成为真正的卑南青年，可以戴花冠，穿漂亮的衣服，结交异性朋友。

卑南人的配刀：成年礼用的礼刀、子母刀

巴拉冠（青年会所）在卑南人的传统里，代表着卑南人庄严和神圣的象征。青年会所纯粹是未婚男子的世界，严禁女性进入。如今，卑南八社的青年会所制度已经消失，现作为恢复部落传统文化的一部分，许多部落成立了以传统会所形式为基础的青年会等组织，作为传承部落文化的载体。

> **知识链接** **万沙浪（Bangsaran）** "万沙浪"在卑南语里是对武士的尊称，每一个卑南青年都力求赢得这项封号。台湾少数民族中卑南人是最崇尚武术的族群，特别是年轻一代。如果不善狩猎、捕鱼和搏斗，就会被族人小视、看不起；尤其是得不到万沙浪的封号，就不会得到女子的青睐，影响到成家立业。

卑南人的青少年会所制度相似于今日的学校教育体系，只不过这种教育侧重的是部落长者生活智慧的传承，其中包括传统礼俗的学习（如口传文学、歌谣舞蹈等）、体能胆识的测验、战斗技能的演练、生活技艺的培养（如筑屋、狩猎、农耕等），最重要的是生活礼仪的要求（如服从纪律、敬老尊长、谦卑忍耐等）。严酷的"斯巴达式"教育不仅凝聚了强烈的族群意识，更缔造了卑南人的文治武功，培养了卑南人坚韧不拔的斗志和不屈不挠的精神。

排湾人、鲁凯人：贵族制度的社会结构

排湾人、鲁凯人的社会结构以贵族制度为显著特征。传统的排湾人、鲁凯人部落为阶级化的社会，地位分明，内部制度非常严谨，分为头目、贵族、士、平民四个阶级。阶级为世袭制度，不同等级可以通过婚姻关系提升或下降，四个阶级中的前三个拥有不同程度的某种特权，只有平民处于最下层。

阶级分类 （1）大头目：为部落的大地主，拥有土地、猎区、河流以及包含其中的自然资源。代表部落参与外社的公共事务，平时以收纳赋税为主。头目为世袭制。排湾人只要是长嗣，不限男女，均可继承头目地位；鲁凯人必须是长男才有继承权，如果长子降级结婚（即娶平民女子），则要将头目地位让位于娶了同阶级女子为妻的弟弟。

（2）贵族：为大头目的近亲，又分为二头目及其他小头目。可以耕种土地不必纳税，也可以沿用贵族的名字。

大头目和贵族为特权阶级，享有土地所有权，收税，住屋门楣可以刻上人头、百步蛇纹、太阳纹等图案，正厅可树立人像雕刻，院子可设置司令台等，其他等级贵族的权利则依与头目亲属关系之远近而增减。

东鲁凯贵族服饰

（3）士：介于贵族和平民之间的中间阶级。士一般为有特殊功绩或有特殊才能的平民，如雕刻匠、铁匠等。头目会赐予他某种权利，如佩戴羽毛等。士的传承规则是：长子为士，其他子女为平民。

（4）平民：大部分为佃农与猎户，社会地位最低。平民向大头目租地耕种，每年要用收获的小米、花生、芋头等农产品或猎物向大头目缴税。除了纳税的义务外，平民还要每年定期为头目的田地服劳役若干天；遇到头目家有婚丧喜庆之事务，平民应去听候差遣并帮忙做事；平民家有子女结婚时，应将一部分所得聘礼送与头目。

婚姻升降法 通过缔结婚姻的方式改变族人与生俱来的社会地位，谓之"婚姻升降法"。"升级婚"是指与阶级高于自己者联姻，使身份地位得到提高的方法，反之则为"降级婚"。个人能力强的平民可通过积累财富和建立特殊功绩提升身份地位，而获得头目赠予的特殊奖赏，如特殊的服饰图案、首饰等，或是给予他们免纳税特权。

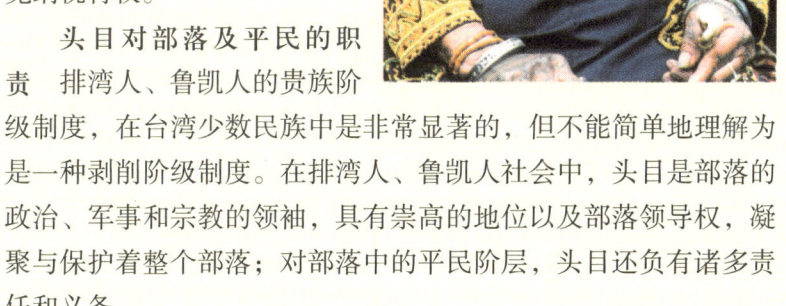

文身、盛装的排湾大头目

头目对部落及平民的职责 排湾人、鲁凯人的贵族阶级制度，在台湾少数民族中是非常显著的，但不能简单地理解为是一种剥削阶级制度。在排湾人、鲁凯人社会中，头目是部落的政治、军事和宗教的领袖，具有崇高的地位以及部落领导权，凝聚与保护着整个部落；对部落中的平民阶层，头目还负有诸多责任和义务。

（1）头目是整个部落的领导者，要负担起照顾和保护其所属部落所有平民生命财产安全的职责，使部落成为经济上可自给自足、政治上可独立自主，并有强大的防卫能力来抵御外敌的强大堡垒。

（2）头目是部落祭仪的领袖，负责举行重大的祭仪活动。

（3）排湾人、鲁凯人没有类似法庭的常设司法机构，头目是解决纠纷及处罚罪犯的最高裁判者，可以直接发号施令，或在亲族间自行商议结果的基础上，作最后的裁夺。

（4）头目对外代表部落，负责妥善解决平民与外人之间的矛盾纠纷。

（5）平民中若有人行为不端，屡屡犯罪者，头目应负起管制与教化的责任。

（6）头目应负责收养并抚育部落中无人认领的孤儿，慰问、照顾平民中鳏寡、孤独、贫穷或是患病之人。

（7）平民家遇有重大生命仪礼时，如婚礼或丧葬，头目有参与和代为主持的义务。

（8）岁时祭仪的场合，头目必须以酒和食物设宴款待平民，让全体族人一起分享快乐。

阶级制度、婚姻升降法加之排湾人长嗣继承制和鲁凯人男继承制，形成两族群严密的社会组织，即使现代化已逐渐瓦解了他们的传统文化，但是我们还是可以从细微处看出端倪。当今社会，排湾人和鲁凯人的头目依然享有很高的威望，受到族人的尊敬，尤其是排湾人更突出，在五年祭等排湾人的重大活动中，头目仍具有相当的影响力和号召力。

▲ 排湾、鲁凯百步蛇纹

撒奇莱雅人的公庙

撒奇莱雅人在2008年被台湾当局有关部门认定为独立的族群，其组织形态颇有特色。在撒奇莱雅人社会中，没有绝对的统治者存在，每个部落都是独立的个体，无从属关系。政治制度也采取较为民主与公平的形式，实行"议会"制度。所谓的议会是由12位同一年龄级（年龄40岁左右）且声望良好的长老组成，两年一任制，届满后拔去前额两侧的头发为记号，再选下一批人来担任。议会的主要职能是处理部落内部事务和维护议会命令的权威。

"公庙"为昔日撒奇莱雅人生活与信仰的核心场所，也是部落活动的重地。举行祭典、会议决策都在公庙进行。

目前，现存的公庙大多位于台南、高雄、屏东等地，建筑材

▸ 撒奇莱雅人庆祝一年一度的"丰年祭"

料已经不再是以茅草叶或甘蔗叶为屋顶、四根柱子支撑起来的简朴建筑物了，而是使用了钢筋水泥和砖瓦材料建筑而成。其建筑形式有些模仿汉人的房屋或纪念馆，有的甚至建筑成汉人庙宇的模样，其功能仅用于族人信仰膜拜或祭祀神灵。

形式多样的婚丧习俗

婚姻习俗

婚姻形式　台湾少数民族的婚姻习俗，随着各族群社会组织的不同而有所差异。

母系社会的平埔诸族群、阿美、卑南、噶玛兰、撒奇莱雅过去采取"招赘婚"，妇女有选夫的权利；父系社会的泰雅、太鲁阁、赛德克、赛夏、布农、邹、邵、达悟、拉阿鲁哇与卡那卡那富采取"嫁娶婚"，从夫制。

排湾、鲁凯人因"头目、贵族、士、平民"阶级制度，衍生出门当户对的"同

▸ 戴百合花的鲁凯美丽新娘

身穿传统礼服的鲁凯新人

级婚""升级婚""降级婚"现象。新郎新娘双方家庭可能因身份地位的不同,出现随着婚约而升级或降级的情形,从平民升为贵族,或从贵族降为平民。想要借由婚约而使自己的身份升级并不容易,除了对方家庭同意,还必须经过头目的认可,并用陶壶、琉璃珠等贵族特有的物品来赔偿对方的损失,琉璃珠、陶壶等物品的取得,可用金钱或以物易物等方式与其他贵族交易。但对于长嗣继承的排湾人社会,长女则不可外嫁,尤其是头目与贵族家族的长女,必须采取"招赘婚",招赘丈夫入门,以便长女顺利继承家业。

不论是招赘婚、嫁娶婚,台湾少数民族都严格实行一夫一妻制,禁止近亲通婚,更不允许重婚、婚外情、乱伦等情况发生。一旦发现不法情事,男女双方都会遭到族人严厉的谴责。

排湾、鲁凯人的传统婚礼 台湾少数民族的婚礼,最精彩的莫过于排湾、鲁凯人的传统婚礼。两族群的传统婚礼分为献工、探婚、求婚、订婚下聘、荡秋千、藏新娘、抢婚迎娶等程序,整个过程精彩纷呈,让人目不暇接。

首先是"献工",男子在追求女子的过程中,为了取得女方家长的好感,会主动分担女方的家事、农耕等工作。女方家长如看好追求者,就会在家中备一套干净衣服给男子,表示认同这个女婿了。等到言及婚嫁时,男方还要经过探婚、求婚、订婚下聘等一系列程序,确认女方意愿,准备好聘礼,确定结婚日期。一切准备工作就绪后,女方家便要开始架设秋千,部落女子们轮流荡秋千,欢庆新人的婚礼。对排湾人而言,只有头目家族的婚礼才有资格在自家门前架设秋千,士和平民没有资格搭建,因此排

▼ 排湾人的荡秋千

湾人婚礼荡秋千的景象并不常见。

婚礼当天还有一项"藏新娘"仪式，就是女方家里要想方设法把新娘藏起来，而男方及新郎必须想办法找到新娘才能成婚。找到新娘后，亲朋好友欢聚一堂，吟唱古调，歌咏新娘，献上真诚的祝福。这之后就是"抢婚"仪式，是为了表现新娘家对亲人的不舍之情。

传统的迎娶方式，新娘必须让人全程背负至男方家。有趣的是新郎并非背负新娘之人，而是昔日曾经追求过新娘的男子，寓意无缘婚配的男子对新娘的最诚挚的祝福。

◀ 背新娘

到达男方家后，迎娶队伍绕行部落，向族人报佳音。新娘踏进夫家的第一件事就是触摸铁器，刀子、钉子、饭锅皆可，代表新娘正式成为该家族的一分子。最后的歌舞庆贺将整个婚礼推向最高潮，全族人狂欢围舞歌唱,新郎抱起新娘,男傧相背着女傧相,绕场一周,接受族人的礼赞。

丧葬习俗

台湾少数民族相信死亡有善恶之别,衰老病死于家中者为善死,因意外事件如战争、自杀、溺水、坠崖、被动物咬死等为恶死,亦即凶死。

台湾少数民族对死者有不同的丧葬习俗。对于恶死者,必须就地埋葬,不可带回部落,以避免恶灵侵害。善终者则予以厚葬,并举行各种吊唁仪式。逝者临终前,先由其家人移到地上直至断气,家人为其梳发拭身,然后予以盛装,之所以移放地上,是因为他们认为死于床上是不吉利的事。但东部一些部落人死后有不易装的,但全家人必围之哭泣。旧时,泰雅、布农、鲁凯、卑南、邹等族群盛行"室内屈肢葬",即是将尸体采蹲踞姿势,家人用布包裹扎紧亡者,并在自家屋内挖一方洞,垂直放入尸体,最后再用土、石填平。阿美、赛夏人则习惯葬于室外,达悟人是在野外设置墓园埋葬。

随着时代与环境的推演,台湾少数民族的传统丧葬习俗已逐渐迎合现代潮流,选择墓园等方式安葬。

排湾人石板屋

知识链接 早先,排湾人也有室内葬的习俗,在住居室内的地下,即石板底下挖一竖穴,将家中逝世者埋葬于此穴中。另有一说是只有寿终正寝者才可葬于家中的地下,若是因战斗逝世者则不能回到其旧居去。

泰雅、太鲁阁、赛德克:彩虹神灵之桥 "彩虹"对泰雅、太鲁阁、赛德克而言,是族人死后灵魂通往灵界的桥梁。传说,从前泰雅族群有位名叫"卜大"的勇士,待人处事、行为举止都是族人的表率,自然也成为全族的精神领袖。后来,当"卜大"越来越年迈,即将辞世之际,告诉族人说:"我死后将变成彩虹,大家要牢记祖训,奉行'嘎嘎',我会永远保护大家的。"

自此,泰雅、太鲁阁、赛德克族群如果生前遵循"嘎嘎"组

◀ 塔山

织规范，男子狩猎，有勇有谋，女子耕作、织布、辛勤持家，去世后就可以借由神灵的引导，走过美丽的彩虹桥到达灵界，与过往的祖灵们相见。

邹人：死后灵魂安息之所——塔山 塔山是邹人死后灵魂的安息之所。

相传以前有个猎人带着一只狗外出打猎，为了追捕一只山羊而来到塔山，并跟着山羊跑进山洞，之后遇见一个人，在此人的引导下，猎人走进一间屋子，里面有许多人，还有一位少女，后来，猎人便与这位少女结婚了。婚后，猎人带狗出去打猎，可是很奇怪，狗总是拼命追赶蛇而不追赶其他动物，经过妻子的解释，猎人才知道他所看到的蛇其实是鹿，从此，猎人便顺利猎到鹿。日复一日，猎人十分想念家人，准备回家探望，妻子亦答应丈夫五日后下山接他，但是妻子并未依约前来，直到五年后，猎人突然去世，族人们才恍然大悟，原来人间的一年等于冥间的一天。

文面风俗与身体装饰

无论是现代文明或者"原始"社会，人们对美的事物总是情有独钟，台湾少数民族也不例外，而基于对美的追求的形形色色

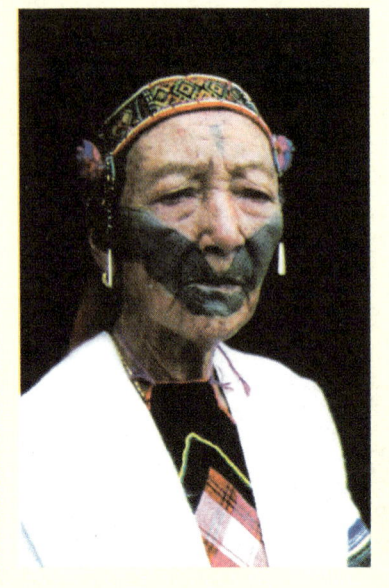

泰雅文面老人

的表现形式，其实都是在美丽的外表下，隐藏着深刻的社会内涵，渗透着丰富的时代烙印，而人们往往以一种主观评判另一种主观，其实往往有失偏颇，因为美的标准和对美的境界的认识不同，随着时代的变迁而变迁。

昔日，台湾少数民族社会流行文面与身体装饰的风俗，最常见的表现方式有刺墨、拔齿和捏齿、穿耳与除毛。刺墨就是在脸上或身体的某一部位刺上图案；拔齿是拔除门齿、侧门齿或犬齿；涅齿是取天然植物的汁液，将牙齿染成黑色；穿耳是在耳朵上穿洞，然后嵌入或戴上饰物；除毛则是除去或修饰身体上被认为不雅及不洁的毛发。

文面风俗

文面是指在面部刺青，它是泰雅、太鲁阁、赛德克族群最具代表性的文化特色。台湾少数民族中只有泰雅、太鲁阁、赛德克和赛夏有此风俗，尤以泰雅、太鲁阁、赛德克最为普遍。文面的意义在于：文面是族群辨识、成年的标记、勇敢的象征，亦是生命礼俗的一种体现，象征着传统追求的美丽成熟与尊荣。过去，泰雅、太鲁阁、赛德克男子要在战场与狩猎上有英勇的表现，女子要贞节，具有织布的本领后才能文面，文面后方可谈婚论嫁。

文面的造型包括Ⅰ字形或Ⅴ字形，前者是从前额中央刺青，后者由两颊的耳根至两唇中央。通常文面由部落里专门的文面师傅施行，时间选择在秋冬季，关闭在室内操作，以避免发生细菌感染。文面的方法是利用槌子敲打尖针刺入肌肤，然后擦干血水，再抹上烟灰，重复涂抹深入伤口而成形；颜色以浓厚且鲜明为美丽，所以一般要施行二至三回才能做到完美。文面的过程虽然十分痛苦，但族人一般都能坚持，因为无刺墨之人不但会有失尊严，有时也会陷于终身独栖的处境。

昔日，泰雅、太鲁阁、赛德克的文面男人，个个都是狩猎高手。他们手持标枪，扛着猎物，奔跑在崎岖不平和悬崖峭壁的山间小路，如履平地，给族人带回山鹿、野猪等动物食物；而泰雅、太鲁阁、赛德克的文面妇女，个个都巧于织布，能利用苎麻纺织出各类型花纹的服饰，件件丰富而美丽。但这种文面的传统已在日据时期逐渐被禁止，目前在台湾岛仍保有文面的少数民族已很稀少，我们只能在八、九十岁的耄耋老人脸上看到美丽的文面了。

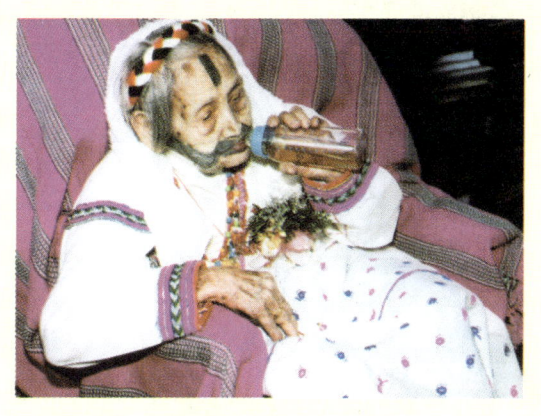

◀ 文面耄耋老人

赛夏人也有文面的风俗。与泰雅、太鲁阁、赛德克人不同，赛夏女子只文额文，男子则刺额文、面颊和胸文，特别是胸文，成为辨识族别最简易的标记。

排湾人、鲁凯人也有刺墨的风俗，所不同的是只有贵族才有资格刺青，是身份地位高贵的象征，目的是为了显耀其名门出身，赢得尊荣。往昔在排湾人、鲁凯人的女性贵族中间，文手颇为流行，象征尊贵与纯洁；传统图文有直线文、几何文、山形文、交叉文及人形文、十字点文等。

其他身体装饰

拔齿流行于台湾北部与中部各族群之间，泰雅、太鲁阁、赛德克、布农、邹人等，男女都有此风俗。施行涅齿的族群以阿美及卑南人为主，凡无拔齿风俗的族群多有之。

穿耳和除毛是少数民族各族群的普遍现象，特别是泰雅人把穿耳看得很重，视为死后可以去谒见祖灵的印记。

第五章
生产活动与
经济生活轶话

　　台湾少数民族因台湾岛多样的生态而发展出不同形态的采集、狩猎、渔捞等农耕的方式。文化可以反映族群跟自然环境的密切关系，台湾这个生态多样性的海岛，孕育出其农耕文化的多样性。

◀ 手捧收获谷物的赛德克妇女

台湾少数民族的传统经济生活主要以农耕、狩猎、捕鱼为主。每个族群因为分布区域的不同而稍有差别。邵人从山林迁居至日月潭，生存方式也从狩猎转化为捕鱼；居住地靠海边或平原地带的阿美、卑南、噶玛兰及平埔诸族群，农耕、狩猎、捕鱼三者并行；兰屿的达悟人以捕鱼为主；属于山地族群的布农、赛夏等族群，则是从事农耕与狩猎活动。

"以物易物"是台湾少数民族最原始的经济行为。比如：阿美人以贝壳换取布农人的兽皮，布农人以猎物的肉交换阿美人的海产品。按照自然法则生存的台湾少数民族，原始的经济生产方式，自给自足，从不予取予求，自愿共享彼此所得。

农耕

游耕与祭仪

旱作轮休式游耕是台湾少数民族的主要农业生产形式。《番社采风图考》记：

番地土多人少，所种之地一年一易，故颖粟滋长，薄种广收……种禾于园。种之法，先于秋八、九月诛茅，平覆基埔；使草不沾露，自枯而朽，土松且肥，俟明岁三、四月而播。场功毕，仍荒其地；来年再种，法如之。

即找寻适合游耕的土地，先砍伐土地上所种植物，然后便焚烧田野，让燃烧过的灰烬变成土地的最佳肥料，而这块地在使用若干年、地力耗尽后，再到另外的土地烧垦。这种耕作形态最大的特征，在于它必须完全凭借自然条件，尤其是土地的地力、土质、坡度、雨量以及农作物耗费养分的多寡。因此，山田烧垦所需的土地面积，必然会比从事定耕所需面积多。

台湾少数民族山田烧垦的主要作物——小米

以布农人为例，由于小米（种植的谷子收获后，经碾磨脱壳即为小米）在布农人传统文化中非常重要，布农人是以小米开始种植到收获完毕作为一个生活和生产周期来计算时间的。以前一块新开垦的土地，一定是先种植小米，等到地力开始衰退时，才种植玉米、薯、豆类等其他作物。这些作物收割后，主要是自我消费，除了小米酿的酒在祭仪庆典时用以招待亲朋好友之外，多余的豆类则拿到平地交易一些日用品。而水稻、陆稻则是在日本统治后期，日本人强制布农人迁移到较低海拔地区时才开始种植的，所以布农人的传统作物仅有小米、玉米、薯类、豆类。

小米不仅种植面积大，并且在耕作过程中伴随着各种仪式：开垦种植小米的土地时有开垦祭、播种时有小米播种祭、除草时有除草祭、收获时有收获祭、储藏时有入仓祭等。其他作物则缺乏这类仪式，凸显了小米作为主食的重要性以及在布农人文化中的重要意义。

台湾少数民族大都有播种祭，目的是借着播种仪式祈求年年

> **知识链接** **阿美人的仪利信** 即丰年祭，是最具代表性的传统祭典。每年夏季举行，是为了欢庆小米丰收、祭祀祖先与神灵所举行的祭典，仪式中充满了祈福、感恩的意义，并强调慎终追远、团结和谐的伦理观念。丰年祭系列活动均以男子担任主要角色，歌舞是祭典活动的重心，从歌舞的仪式中，可以看出男子年龄阶级制度的严谨及伦理精神的深奥，部分活动也允许妇女、幼童参加，借由歌舞同欢达到联谊、训练及薪火相传的目的。

阿美人丰年祭盛况

丰收。但现今因为种植农作物的改变（例如由种粟改为种稻）和经济形态的变化，使得播种祭也随之改变或消逝。例如邹人的播种祭又分为稻播种祭及粟播种祭。在祭拜形式上，布农人较为不同，他们是在小米播种完后，拜祭农具，然后再将农具收藏起来。举行的时间则多是在适合农作物生长的时节，像邹人通常在圣诞节后至元旦期间举行，邵人在农历三月一日，赛夏人则在农历二月。邹人在传统上以女子主持此祭仪，是属于家族性的祭仪，现已改由男、女共同担任，或以男子为主。赛夏人目前只有向天湖还保留此祭仪。

撒奇莱雅人庆祝一年一度的传统节日丰收节

知识链接 **收获祭** 过去台湾少数民族皆有收获祭，大多以此祭作为新旧年度的更替。在收获祭期间皆会举办丰盛酒食，昼夜欢乐，部落族人都期望此日到来。各部落关于收获祭的传说、内容和程序各有不同。排湾人的收获祭主要是感谢神灵眷顾，给神过年之意。由祭师主持祭仪，将收获的小米入仓，并选出播种用的种子，举行吃新米活动。

原始的农耕工具

台湾少数民族种植的农作物,主要包括小米、玉米、芋头、甘蔗、芝麻等,其中有一种旱稻,名曰"大头婆",粒圆而味香,甚为珍重。农业耕作方法十分粗放,"随意树艺,不深耕,不灌溉,薄殖薄收"。生产工具极其简陋,"耕作无牛,亦无农具,仅用一锄,阔三寸,柄长一尺,屈足伏地而斯";收获农作物时,"以收摘取,不用镰铚"。下面简单介绍一下早期台湾少数民族农耕中常用的几种农具。

◀ 小米收获祭

手锹 早期台湾少数民族农耕的农具颇为简单,往昔仅有掘杖、手锹作为挖掘泥土用的器具。掘杖之原始形式,以木杖之一端削尖即成;手锹勾形木枝为柄,将石片以藤皮缚于弯柄上而成。古时曾将石斧缚于木柄上为锹。后来才有比较现代的铁制小锹。

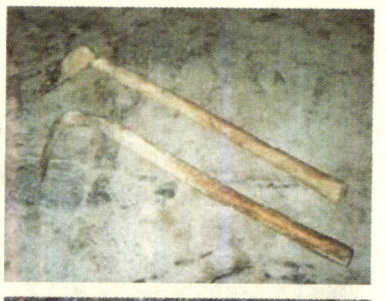

◀ 近代手锹

山刀 山刀是台湾少数民族常用的农具,举凡开垦、砍柴、狩猎都需要用到刀,因此山刀变成了台湾少数民族主要的随身用

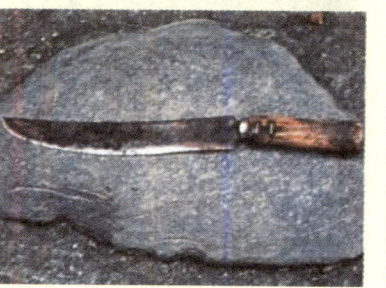

◀ 传统山刀

器，也是狩猎的武器，所以佩戴山刀，几乎是台湾少数民族的标识。

手斧与砍草刀 手斧也是很多台湾少数民族重要的伐木工具，如筑物所需的木柱、横梁等，皆需要用手斧砍伐。较早的时候使用石斧，晚近期使用铁制的手斧。

随着时代的进步，水牛犁耕等耕作技术也逐渐传入部落。

> **知识链接** 古代布农人非常珍惜锄具，尤其有了铁制小锹，以获得不易，以宝爱之，更成为结婚定情之物及喜庆送礼之物。布农人非常爱刀，常以刀为厚重赠礼，布农人生育，舅舅要送男婴刀以为赠礼，其意希望婴儿长大成为布农勇猛的勇士。

狩猎——猎人勇士的传奇

占有重要地位的狩猎形式

狩猎，在台湾少数民族社会生活中占有重要地位。台湾少数民族各族群部落都有其特定的猎场范围，彼此互不侵犯，若有违反，轻者遭受惩罚，重者就会引起部族间的战争。

狩猎工具从原始弓箭、设陷阱到现代火枪一应俱全，猎杀的对象包括鹿、羌、山猪、猴子、熊、鹰等，种类繁多。但是台湾

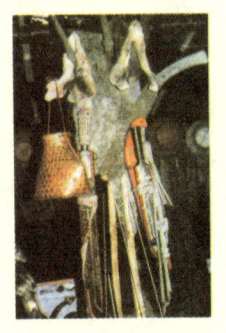

▲ 排湾人狩猎用具

太鲁阁人捕猎用的陷阱 ▶

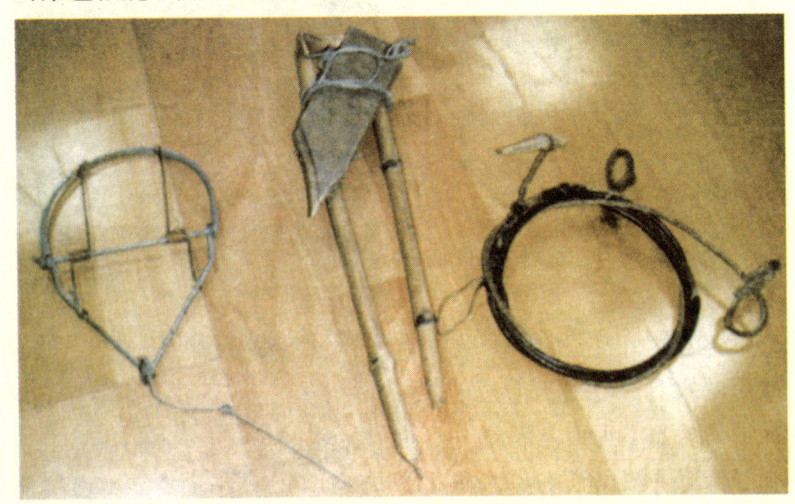

少数民族决不滥杀，凡是未长大的动物、怀孕中的雌性动物、雌雄交配繁衍后代的季节，台湾少数民族都不狩猎。而猎杀动物的数量也是以满足族群内人衣食的基本需求即可。猎物的肉是他们的食物来源之一，外皮和羽毛均拿来制作御寒蔽体的衣物和饰物。

勇敢善猎的布农人

台湾少数民族中的布农人，一向以彪悍、勇敢善战著称于世。布农人，视狩猎为所有男子的天职。男子成年后，必须要参加狩猎活动。狩猎方法有"武器猎""陷阱猎"以及用火烧山的"焚猎"三种，布农人原始的武器包括弓箭、山刀等，清末起改用火枪狩猎，至今布农人仍拥有不少火枪。

布农人认为武器是用来猎取野兽和报复敌人用的，况且用武器伤人或杀人是严重触犯"禁忌"的行为。通常武器做好之后，制作武器的人会试验武器，能一次射中目标才算完成，否则丢弃重做。因此制作武器也需要很长的时日。

擅长狩猎活动的布农人，还有特殊的祈求打猎丰收的祭仪，即打耳祭。

打耳祭是布农人最大的岁时祭典。布农人以庄严隆重的仪式，祈求天神赐予狩猎能力及一年的丰收。约在每年四五月间农闲时，各部落自行举行。届时将可聆听布农人独有的"八部合音"，沐浴在天籁

◀ 祭兽骨

般和谐、高亢的小米丰收歌的旋律中，以及感受布农人热情、团结的"报战功"习俗。打耳祭当天凌晨听到鸡的鸣叫声时，猎人们就要起床，带着自己心爱的猎枪，举行祭枪仪式。首先把狩猎使用的猎具摆放在地上，大家分两列围蹲于祭司两侧，由祭司领唱祭枪歌，祈求所有的猎物都会被这些枪所捕获，并祈求猎人以后上山打猎都能平安顺利，大丰收。

> **知识链接** **射耳朵** 射耳朵是打耳祭里的重要活动，族人将鹿耳悬挂在祭场的树枝上，让全族男子参加射击，并借此教导年幼男孩儿掌握射击本领。

◀ 布农人打耳祭上分发猎肉

▲ 布农长老指导少年射箭

祭枪完毕后，大家就到放置野兽下巴骨的地方，举行猎骨祭的仪式，只有祭司及今年猎物最多的人才能进去，其他人则在外等候。祭司安慰这些猎物的灵魂，并要它们带来更多的伙伴，然后由这位最英勇的猎人将下巴骨挂起，呈献成果。全部落的人们到射耳场上集合，这时已有人将射靶装置妥当，上排挂两只鹿耳，中排挂两只獐耳，下排摆山羊、山猪耳各一只。长老们宣布开始射耳后，由村中的老者们先射，再换男孩儿们射，拉不动弓箭的则由亲属或氏族中的老人抱着男孩儿拉弓射箭。男孩儿们射完后，就由成年男子上场，射箭距离约50米左右，打不中兽耳的会被族人取笑。在打耳祭典中，女人是被禁止靠近或触摸猎具的，她们只能在一旁观看。等到所有的男性进行完射耳的仪式之后，就将捕获的猎物烤熟分食，一人一份儿，不能多也不能少，必须当场吃完。

在"祭枪"仪式中，更是布农人表达感恩谢天的崇敬之意，部落勇士们蹲踞在地上，一一将猎枪排列地上以祈求丰收，族人再用手点酒洒在空中，意味着祭祀天神与祖先，也对这些遭勇士们猎捕过的猎物表示敬意与感激之心。

豪爽的布农人

"打耳祭"充分展现出布农人忠诚、合群、吃苦耐劳、团结合作的精神。

知识链接 **极具文化巧思的夸功宴** 在打耳祭仪式中,最令人喜悦的部分莫过于"报战功"了。参与该次狩猎行动的男子们蹲踞在内圈、妇女站在外围,中间则放置狩猎获取的兽肉及初酿好的小米酒,由长老起头向居首功的勇士递上一杯台湾少数民族特有的小米酒,要他一一介绍自己并开始夸示自己的战功,每一句话都用四个音节的节奏呼喊出来,每报一句,众人都再复诵一遍,一领一和,节奏分明,以应答的方式进行。报完战功的勇士再将酒杯交给下一位族人,随后不论男女都分别轮流走到圆圈中心,鼓足中气大声报出自己的名字,并列举自己在最近一年内的杰出表现。这些成绩以男士来说,不外乎猎了多少野兽、杀了多少敌人,妇女则炫耀自己收成如何丰盛、养了多少猪、生了多少孩子等。如果所说的属实,众人便会在口述者每一段陈述后,跟着大声复诵,若是吹牛则无人应和,这种每个人公开夸耀自己成绩的"夸功宴",可以让族群内的每位成员自我激励、努力不懈,成为一项颇具巧思的文化智慧。

报战功夸功宴

捕鱼

渔业生产在台湾少数民族经济生产中的地位，因族群而异。达悟、阿美、邵等非常重视渔业生产，经济地位重要；而布农人经济以农业为主，狩猎为辅，渔业生产微不足道。其他族群多在河川地区，不定期地进行渔业捕捞。本节重点介绍邵、达悟、阿美等族群的渔业生产。

邵人的"浮屿诱鱼法"

地理环境对一个民族经济生活的影响与支配甚巨，而人类对地理环境的适应与利用也极为巧妙。邵人的原始生产方式在本质上是和其他少数民族属于同一阶段的，但邵人却因居住在"水深鱼肥且繁多"的日月潭畔，日月潭里这些肥且多的鱼虾，无疑对邵人是一种很大的诱惑，为了从中捕获更多的鱼类，邵人便发展成为一个善渔的族群，捕鱼对于邵人不是一种闲暇的工作，而是主要的生产方法和重要的财源，这是邵人在生产方式上有异于其他台湾少数民族的一点。

邵人捕鱼的方法极多，渔具的设计也极为巧妙，"浮屿诱鱼法"是邵人捕鱼时使用的最具特色的方式。在日月潭沿岸，人们常常会看到一些种着杂草的竹排浮在水面上，这就是"浮屿"，

▶ 日本统治时期日月潭的邵人

也叫"人工浮屿",是专门用以诱捕在草丛中产卵的鱼类。早期文献资料记载中,曾误以为是种植禾稻之用,后来才发现原来是为了诱鱼,利用浮屿诱导鱼群来此产卵、聚集,邵人只要在四周装置鱼筌,等着鱼儿游入就行了。

> **知识链接** **岸边鱼筌诱鱼法** 鱼筌主要是放置于浮屿上,但亦有放置于浅水岸边者,多在五六月行之;用竹子穿过鱼筌把手而后插在泥岸上,以避免被水冲去,鱼筌左右上面放置树叶杂草以引诱鱼儿跳上去产卵,但杂草须每日更换一次,于晚间时换之,次日则到潭边察看有无鱼儿跳入鱼筌。这一种岸边诱鱼法没有浮屿诱鱼法普遍,因为其诱捕的数量较少。

◀ 放置在浮屿上的大型鱼筌

邵人最初制作的浮屿只用4根大竹扎成一长方形框,鱼筌系于四周,其上面则放置树叶,利用奇拉鱼喜欢在杂草上产卵,而诱之跳入鱼筌中;后来邵人觉得置于上

◀ 尚未制作完成的池塘屿

面的树叶容易枯干,每隔不久即须换置新鲜者似乎不很方便,乃改用竹排种草的方法,竹排是用20根径约10厘米、长约5米的竹子编成,每5根为一组,20根分成四组,编扎时每组间留一定宽度的空隙,竹子前后及中间各用横木一根绑住。竹排绑成之后,邵人即把水草连其根部之泥土一起移植于竹排上。

邵人把竹排系于岸边浅水之处,每逢2—7月为奇拉鱼的生卵之季,即把鱼筌放置于竹排上之空隙,以诱奇拉鱼跳入;鱼筌放置在空隙中之方法,乃以一小竹穿过鱼筌之把手,而架于两边之大竹管上,鱼筌本身则一半在水面,一半在水中;鱼筌放置之方向或为同一方向,或两个相对为一组,每一空隙可放大型鱼筌七八个,小型鱼筌十五六个,每个竹排有20根竹子分成4组,故有空隙3个,可放鱼筌25—50个之间。每一鱼筌一般捕鱼数量颇丰。

浮屿诱鱼是邵人最主要的捕鱼法，浮屿均属私有，放置的地方并不一定，但一经放置后别人不得侵占之。浮屿为一家之财产，浮屿数目之多寡，可以看出渔捞之收入在其家庭经济上所占的地位。

除了浮屿诱鱼法以外，邵人的捕鱼方法还有岸边鱼筌诱鱼、绳钓、浮钓、竿钓、刺鱼、毒鱼、网鱼、罩鱼、捕捞等。

> **知识链接** **浮钓法** 这是一种颇为巧妙的钓法，利用浮力的原理而不必由人看管的钓法。所用的工具是一根长约五尺的钓竿，细端系一钓绳及钓钩，粗端则系一条极长的藤条，藤条的末端又系一"鹅卵石"。钓具在"弛"时钓竿平浮于水面，钓绳及钓钩沉在水中，另一端藤条及"鹅卵石"则沉于潭底，因为"鹅卵石"的重力相当大，平浮在水面的钓竿便不至于随处漂浮。每当下午时渔人驾舟出潭把钓具"张"好，等待明晨再来察视是否有鱼儿上钩。钓竿的张法甚为简单，即把藤条和沉石捞起，再把藤条系沉石的一小段绳子缚于竿上，其他部分的藤条仍垂于水中，然后把钓竿再放下，这时因为有沉石的一端较重，另一端钓绳则翘起于水面，而上饵的钓钩却能恰好沉于离水面一两寸的水中，以诱来往的鱼儿。

鱼虾为邵人的主要食品之一，剩余的鱼产品则用来交易，换取日常生活必需品。现在有许多原始的生产方式已被邵人放弃，但是唯有渔捞业仍欣欣向荣，渔业在邵人的经济生活中仍占有重要地位。

达悟人的"点火把诱捕飞鱼"

兰屿达悟人长期居住孤岛，特殊的地理环境决定他们的经济以渔业为主。兰屿附近的海流，介于冷暖流与黑潮交汇处，鱼类丰富，达悟人所捕鱼种以学名分类达300多种。捕捞的重要产品飞鱼，是一年中的重要食物。飞鱼翅长，能飞四五米远，达悟人称其"埃由斯"，又称"红鱼"。每年春季为捕捞飞鱼季节。此外，还捕捞贝类、海带、海人草、海芙蓉、珊瑚等。

美丽的达悟拼板雕舟

◀ 新船下水

捕鱼由男子承担。渔团组织是达悟人的生产单位。渔团共同出海捕捞，渔获平均分配。捕鱼工具为达悟人独有的拼板嵌合雕舟，渔网、钓、钩、鱼枪等。各个村落均有固定的渔区，严禁越区捕捞，以免引起冲突。渔区大致分为两种，一种为近海渔区，以沿岸岩石的名称命名，界线分明；另外一种捕捞飞鱼的海上渔区，一般距海岸1公里以外，一村只有一处，渔区界线不明显。遵循鱼汛期，飞鱼季节过后，达悟人即驾驶小舟出海捕鱼。达悟人吃鱼比较讲究，男人、女人、老人各有特定的鱼。例如女人吃的鱼体娇味美，男人吃的鱼外貌较丑但可口，而老人吃的鱼质量又其次。

"点火把诱捕飞鱼"是达悟人的特色。传说达悟人的祖先无意间抓到一条飞鱼，便将它与其他贝类、虾子等海产品一起煮着吃，结果族人与飞鱼鱼群均罹患怪病。后来飞鱼的头目黑鳍飞鱼知道后，便托梦给族中长老，教授给他飞鱼的捕捞、煮食方法及其禁忌。从此，捕食飞鱼的方法在达悟人中代代相传。为了纪念

▲

绘制着与达悟人生活息息相关的鱼的椰子壳水壶

知识链接 **达悟人飞鱼祭** 每年从二三月开始，"招鱼祭"揭开了一年一度的飞鱼祭序幕。祭典当日清晨，男子穿着丁字裤，头戴银盔齐聚海滩，由领祭长老带领船员用银盔、水瓢、手势等招呼飞鱼，结束后船员以手指蘸鸡血，涂在海边的卵石上，祈求今年的渔获能像卵石一样丰收。整个仪式过程，妇女不得参与。

兰屿岛达悟人在飞鱼架晒制飞鱼

黑鳍飞鱼,达悟人每年都举办祭祀仪式,以感谢它给予达悟人的恩赐。这就是众众所周知的飞鱼祭。

达悟人点火把诱捕飞鱼的传统,是在每年3—6月飞鱼的鱼汛期,达悟人都会乘拼板舟出海捕鱼。飞鱼喜欢光亮,族人晚上出航时,只要在船尾点火,飞鱼便会慕"光"而来,达悟人一般都会满载而归。拼命捕捞、肆无忌惮的行为绝不会出现在达悟人身上,只要足够生活所需,他们就心满意足了,而不会索求维持基本生活以外的物质。对达悟人而言,这是祖训,更是与自然和谐相处、求得族人生生不息的法则。

阿美人的捕鱼活动

渔捞是阿美人仅次于农业的生产活动,也是男子的工作,一般都在河川捕鱼,滨海部落并以竹筏在近海巡捕鱼类。

捕鱼在阿美人不仅仅是糊口或提供蛋白质的来源,更有文化上深层的涵义。在阿美人的社会里,举凡一个活动的结束或丧葬

阿美人使用带有毒性的鱼藤在山溪中捕鱼

仪式过后都要有捕鱼或吃鱼的行为，借此作为活动的结束，透过吃鱼的行为以后，再恢复日常的生活作息。因此，渔捞的行为有脱尘返俗的意义。

阿美人的捕鱼活动分为海上捕捞和河川捕捞两类。

阿美人出海捕捞前，一般以年龄级为单位组织船队，渔获由全部落人共同分享。海上捕捞主要有鲸、鳝、平鲒鱼、大刀鱼、鲷鱼、鲣、飞鱼、海鳗、乌贼等。

阿美人的部落多半临海或靠近溪流，离海较远的诸社则注重河川捕鱼。他们使用的渔具有鱼刺、渔叉、渔网、渔筌、渔笼、竹罩、竹筏、渔舟等。捕捞方法多种多样，主要采用射鱼、网捞、垂钓、筑堰、毒鱼、掬网、帘鱼等方法。阿美人无渔区制度，海上捕鱼无限制，河川捕鱼大致在各社传统区域内的溪流皆可捕鱼。个人捕鱼无规定分配办法。集体捕鱼，则必须将渔获在渔场集中后，依大小分类堆集后，依长幼阶级次序分配，年长阶级优先分配，各队级再平均分配给组员，年长阶级因人数少而分配量多，年少阶级则较少。

第六章
精神世界与
祭仪信仰掠影

　　台湾少数民族崇拜神灵,他们的神灵没有实体,而是抽象的思维感觉。但是他们深信神灵的威力,可以帮助他们驱除霉运,保护族人健康和平安。所以台湾少数民族各族群有着各种各样的祭祀不同神灵的仪式。各种祭祀活动是他们生产和生活中非常重要的一部分,同时也是维持整个族群稳定的重要方式。祭仪对台湾少数民族而言,它不仅仅是一项文化活动,更是他们日常生活的体现。

台湾少数民族的传统信仰以信仰各种灵的存在为中心,泛灵崇拜是其本质。一些族群有神祇的概念和崇拜活动,人与灵、神之间皆有司祭、巫觋充当媒介。而以原始巫术为主要手段的岁时祭仪是各族群社会生活的主要内容。台湾少数民族崇拜神灵,但他们的神灵没有实体,而是一种抽象的思维感觉。但他们深信神灵可以为他们驱除噩运,保护族人健康平安。作为台湾少数民族传统社会文化的重要组成部分,宗教信仰文化的变迁是其传统社会变迁的一个缩影。

荷兰侵占台湾时期(1624—1662),在西方宗教的影响下,台湾少数民族中的一部分人改信基督教、天主教,也有少数人信仰其他宗教。但各族群仍旧保留着固有的原始宗教信仰和仪式。

泛灵信仰和祖灵崇拜

台湾少数民族的社会与众多民族一样,不能缺少可以抚慰人心的宗教信仰。台湾少数民族的传统信仰是泛灵崇拜,即相信天地宇宙万物都有神灵,所有自然现象,不仅动物和植物,而且一直到无生物为止,都是有生命和灵魂的。台湾少数民族崇拜宇宙

排湾人百步蛇图纹使用——百步蛇座椅装饰

天地间的万物精灵,包括自然界的各类现象及祖先灵魂。其中特别是崇拜祖灵的信仰,他们认为祖先具有庇荫子孙的能量。子孙为了安居乐业、荣耀祖先,就必须避免亵渎祖灵,做人做事也必须遵守祖先遗训旨意,与人相处更要受到信仰的束缚。神灵有善恶,祖灵崇拜是台湾少数民族子孙对祖先们创生起源以及披荆斩棘创造家园的敬仰之心、感念之情。

◀ 排湾来义头目家中的石板雕祖先像

对自然界的崇拜中,台湾少数民族认为山有山神、河有河神,日月星辰、花草树木、动物昆虫、农作物等皆有灵性,像排湾人始祖传说中的太阳神、百步蛇等都是神灵的象征。但是他们关于灵魂的观念却不一样。北部的台湾少数民族相信凡生物皆有灵,但人之灵最有神力;南部台湾少数民族则认为万物有灵,故有人鬼及其他诸神。邹人、布农人除了灵魂观念外,还有创造神和司理神。排湾人、鲁凯人、卑南人和阿美人也有多种神灵。而排湾人还有雕

◀ 大武山是排湾人布曹尔系统的圣山,相传他们的祖灵每五年会从大武山下来巡视各部落,也因此排湾人有所谓五年祭的活动

刻的神像，是人格化的表现。他们认为人的死灵有善恶之分，凡生前积善或有功德者为善灵，可顺利进入灵府、灵界；凡横死的恶灵则到处飘荡没有归宿，彷徨于人间作祟生人。泰雅人只有一个灵魂叫"乌道哈"。邹人认为灵留在村落，魂一律可入灵界。卑南人认为只有头目的灵魂才能进入灵界，一般人的灵魂将化为人、狗、百足蛇、鸟。但台湾少数民族的所有族群都认为，在灵界里仍会过着家庭生活，虽距现世路途遥远，但却能自由往来，只是一般人感觉不到而已。如果世人备有酒肉祭祀，其灵即至。

除了灵性，台湾少数民族的万物精灵也有其专属的名称，如邵人祖灵称为嘎里（Qali），他们相信自己死后会变成守护邵人的祖灵。排湾人古语"Tusmas"泛指一切之灵，包括天界神祇、灵界的善灵与恶灵。阿美人的卡瓦斯（Kawas）是神、灵、鬼、妖的总称，掌管生、老、病、死与赐福等职责。撒奇莱雅人的守护神则通称为"阿立族"。

占卜、祭司与巫师

占卜

台湾少数民族在进行开垦、出猎、战争、祭祀等重要活动前都要占卜，占卜的形式有鸟占、梦占、水占、竹占、草占等。鸟占常用"海亚夫"鸟、"西西里"鸟等进行，以鸟的飞行方向和状况以及鸣声长短、缓急来判断吉凶，也根据鸟的声调和回声以及鸟声的位置等。假如"西西里"鸟或"海亚夫"鸟叫声不吉，而勉强采取行动时，一定会碰到困难，如打猎受伤、出征失利等。梦占主要盛行于泰雅、赛夏、布农、阿美、达悟等族群。在耕作、打仗、狩猎、建筑等重大活

带有泛灵崇拜的手工艺品

动开始前，多进行梦占。如全体参加梦卜，则得吉梦者参加，凶梦者自行退出。水占和竹占常由占卜师或巫师进行，利用一定的器物，向神灵求问，判断神的旨意，回答求卜者的问题。塞夏人、达悟人盛行水占，而阿美人、卑南人盛行竹占。

祭司与巫师

台湾少数民族当中有专门替人念咒祈求、驱除邪祟、医治疾病的祭司、巫师。祭司、巫师均是部落或氏族重要的灵魂人物，祭司负责举行祭祀，日期的选定、进行方式的协调工作，通常由头目或德高望重之人担任。祭司一般为终身制。

巫师主要以女性为主，负责主持祭典，治病解厄等。巫师的产生有世袭传承、师徒相授、精灵托梦指定等方式，一般常用的工具有槟榔、兽骨、酒、清水、祭司小刀、植物等。女祭司或女巫是个圣职，台湾少数民族在女孩出生数天后，若从其襁褓用的长布条里找到一个小红果，即得知她是未来的女祭司（女巫）。女祭司仅被视为媒介，而不会施加任何恶意的影响。

邵人的祭司叫先生妈，由妇女来承担，既是祭司也是巫师。其职能是服侍最高祖灵和氏族祖灵，并为族人告解、除秽、获取平安，是邵人宗教生活的支柱，也是精神生活的告慰者，通过先

◀ 邵人所谓的先生妈——她们亦是族社之间的医师

生妈制度，邵人的传统文化得以传承。

想成为一名先生妈，必须到拉鲁岛上得到最高祖灵的同意，才能获得治病、招魂、祭祀的法术。每当这时就会看到这样的情景：在烟雾缭绕的清晨，先生妈们的独木舟缓缓地驶进拉鲁岛，她们表情严肃，目光坚定。仪式的程序是先生妈们先大声咳嗽，引起祖灵的注意，然后一同昭告祖灵有新的女祭司加入行列，并聆听祖先在大茄冬树下立下的誓言，让世世代代的邵人子孙长居于此，如茄冬树般永远常青茁壮。

祭祀仪式

台湾少数民族诸神的司理范围相当分化，祭仪有农事祭、狩猎祭、河川祭、祖灵祭等。然其主要祭仪大都包含于农业祭仪中。农业祭仪的中心是粟之耕作，还有开垦祭、播种祭、除草祭、收获祭、开仓尝新祭等。在他们的农业祭仪中，同时可发现祈求个人健康与社会康宁的仪节。狩猎祭的对象一般是猎神或兽灵，大多在收获祭后举行。收获祭后连续举行幼儿周年礼与成年礼。可见，在无精密立法的社会中，祭仪具有年终或新年祭仪的功能。此外还有特殊祭，像赛夏人的矮灵祭、沙阿鲁阿族群的密阿道敖斯祭等。

泰雅人、太鲁阁人、赛德克人的特色祭仪——祖灵祭

泰雅人、太鲁阁人、赛德克人的宗教信仰主要为"祖灵崇拜"，认为"祖灵"是主宰人一生祸福的最高神祇，生命的全过程都离不开祖灵的护佑，触犯了祖灵必遭惩罚。因此，祭祀祖灵的祖灵祭，包括为了外出顺利狩猎而举行的狩猎祭，与农耕关系密切的播种祭、祈雨祭、收割祭等。在泰雅人、太鲁阁人、赛德克人的历史发展中，特别是在日本统治时期，许多传统文化仪式纷纷销声匿迹，祖灵祭是唯一流传下来的祭奠，20世纪末才又逐步开始恢复举行。

每年六、七月份是泰雅人、太鲁阁人、赛德克人举行祖灵祭

的季节。当小米入仓后,为感谢祖灵的保佑,部落就开始举行祖灵祭,全部落的男子都要参加。这段时间,部落全体族人必须绝对遵守不触摸或使用刀、针、麻线等器物的禁忌。祭祀前一天,每户人家都要清理炉灶的余火,重新换火燃烧,直到祭典结束之前,火苗都不可熄灭。长老还必须带领家中男子呼喊过世先人的祖灵,呼唤他们回来参加祭祀仪式。祭祀当天天未亮时,部落头目带领族人前往祭场,由头目呼喊过世的祖灵回来参加祭仪。然后依照传统规定,必须先向祖先献上小米糕、酒、兽肉等祭品,各家宣读祭文。在户长祈福之后,家中所有成员共同呼喊祖灵们,请他们来享用子孙后代为其准备的祭品,并感谢祖灵一年来的庇佑。这些祭品是专门供给祖灵享用的,不能带回家,其他人也绝不可食用。仪式结束后,还必须越过火堆,以示与祖灵告别。等到祭祀结束后,族人另有丰盛的食物与精彩的节目,大家共同载歌载舞,庆祝

◀ 泰雅人的传统祭典中必须向祖先献上酒、兽肉等祭品

◀ 悬挂在树枝上的祖灵祭品

第六章 精神世界与祭仪信仰掠影

丰收。

传统的祖灵祭祀仪式虽然在每年的六七月小米收割以后举行，但具体的举办日期需由当年各族群长老、头目或祭司开会商议，全社男子都必须参加。泰雅人祭祖的仪式表现出了族人对祖先的重视和庆祝丰收的喜悦心情，也代表了族人的中心信仰，更是维系全部落和谐统一的精神象征。

泰雅祖灵祭

赛夏人的特色祭仪——矮灵祭

赛夏人相信，祖灵具有决定世间一切吉凶祸福的超自然的力量。赛夏人与祖灵的沟通方式主要是祭典时的献祭祝祷以及透过巫术占卜的方式与祖灵沟通。他们对祖灵的敬畏，处处表现在他们日常生活之中，而对祖灵的敬畏也扩展到对外族群的"矮灵"上。

关于这个祭祀的由来还有一个传说：

相传远古时，一群身高不足三尺、全身黝黑、擅长农耕的矮人族，教会了赛夏人各种耕作技巧，使得作物年年丰收，因此，每当丰收来临之际，赛夏人都会邀请矮人参加丰收庆典。可是，矮人却自恃对赛夏人有恩，又好色，经常趁机调戏赛夏妇女。有一年，一名赛夏女子又遭矮人欺辱，引起全族人愤慨并决定报复，他们悄悄将矮人返回故地的树桥锯断一半，使得不知情的矮人纷纷坠入溪谷，只幸存下来两个来不及上桥的矮人。矮人因此诅咒赛夏人农作物歉收，甚至全族灭亡。赛夏人为了平息矮人的

▲ 在夜晚举行的赛夏矮灵祭

诅咒和愤怒，便将原来的收获祭改为矮灵祭了。

"达隘"为赛夏人对矮灵的尊称。赛夏人的巴斯达隘矮灵祭是台湾各族群中唯一以"小矮人"为祭祀主体的祭仪，依地域因素，赛夏人矮灵祭典分别在南赛夏族群和北赛夏族群两地进行，即南北祭团分别举行祭典。主祭者的法器为蛇鞭，它具有驱雨、除病、保佑健康平安的法力。祭典融入了传说中的故事及盛大的歌舞仪式，矮灵祭已成为赛夏人文化的代表。

巴斯达隘矮灵祭的完整性，可以从它的祭典歌谣和音乐中展现出来。它的独特性还表现在对异族恩怨的双重心理作用下，所产生的一种近似"赎罪"的祭典仪式，与其他族群的丰年祭、祖灵祭或感恩祭完全不同。

在正式举行祭仪之前，赛夏人南北方祭团的各氏族长老都会

> **知识链接** 台湾少数民族各族群普遍流传着矮人的传说。布农人称为"撒都束"、邵人称为"斯立顿"。布农人说小矮人教导他们耕作、打猎，鲁凯人称小矮人曾为他们建造灵屋。传说中的小矮人身材短小，身高不足五尺，头发很长呈卷曲状。还有人说，小矮人全身布满黑毛，肤色呈茶黑色，鼻子宽且短，下颚突起。也有人说，小矮人力大无穷，身手矫健，善于爬树，性情十分温和。

第六章　精神世界与祭仪信仰掠影

依照惯例开会讨论，准备祭品，练习祭歌。尤其是祭歌，神圣而庄严，平日禁唱，稍有不慎，容易引来灾祸。

一般来说，祭典的第一天是"迎灵"仪式，第二天"娱灵"，第三天"送灵"。巴斯达隘矮灵祭期间，赛夏人每天从入夜到天明不断吟唱祭歌以感念达隘的恩泽。

因为赛夏人对矮灵的敬畏，故在确定举办矮灵祭典后，需结芒草以避邪，并对各氏族进行编组分工，以保证顺利完成祭典仪式。

月圆之夜，赛夏人开始"告灵"，各氏族杀猪祭告达隘，诚挚邀请达隘前来参加。之后，各氏族祭团将木臼推出祭屋门外，面朝东方（因为矮人逃向东方）唱第一首

◀ 赛夏人矮灵祭仪式中穿的长衣

招请之歌，这是为了迎接达隘的到来而彻夜"迎灵"的仪式。第二天举行"会灵""娱灵"仪式，感谢达隘庇佑全体平安、作物丰收……"娱灵"为矮灵祭典的中心，也是赛夏人神秘的巴斯达隘矮灵祭文化的核心部分。这时赛夏人会热情地邀请旁观者与他们手牵手地载歌载舞，并在深秋的夜晚聆听达隘的叮咛。第三天则是"送灵"，离情别意，依依不舍，以表示记住达隘的嘱咐，歌中唱道："要感恩、要和睦相处、要坚韧如黄藤……"整个仪式过程中的歌舞，表达出赛夏人和矮人的故事，并透露出赛夏人对矮人的敬畏与忏悔之意。太阳升起时，两位强壮的青年奉命上

知识链接 **巴斯达隘矮灵祭祭歌** 祭歌共有十余首，每首再分数个小节，每一节都以一种植物的名称（如黄藤、枫香、柿子树、蓟等）的尾音押韵，整套祭歌的结构十分完整，宛如史诗，全部唱完至少要四个小时以上。演唱时要一字不差，充分表达了赛夏人感念"达隘"恩泽的虔诚之心。悠扬哀婉的祭歌，每逢深秋时节就在寂静的湖泊与山峦之间回荡。

巴斯达隘矮灵祭期间，赛夏人每天从入夜到天明不断吟唱祭歌

山砍伐榛树，并在上面绑满芒草，由主祭的长老高架于祭屋之上，各氏族的青年代表奋力跃起，期盼摘下芒草，然后扔掉……最后大家同心协力，抢折榛树，往东方抛去。祭司家的媳妇怀抱芒草，将它丢弃在东方，正式送走达隘，就结束整个巴斯达隘矮灵祭。整个矮灵祭结束之后，主持者会将祭祀时准备的糯米糕分给在场的每个人享用。

"涂泥"是矮灵祭最后一天的一个特别仪式。一些长者、弱者或身染疾病的人会在背上系一条方巾，然后由两名青年用涂上泥浆的竹笏来回擦抹他们的背部，为他们消灾祈福。

连续三天的通宵歌舞不仅展现了赛夏人的精神世界，也是赛夏文化的具体表征。每逢双数年的农历十月，位于苗栗的向天湖畔总会响起阵阵清脆的铃声，以及如泣如诉的歌声，从傍晚直到天明。月光熠熠，篝火熊熊，祭旗摇动，凄婉的歌声，在静

佩戴臀铃的赛夏人

夜里幽冥回响,一支支跃动的月光旗,还有那漩涡式回环往复的舞蹈,共同组成了一幅幅震撼人心的画面,定格在月光下。那庄严又带着些许凄美神秘的气氛,如果不是身临其境,很难想象。

知识链接 **舞帽、臀铃** 巴斯达隘矮灵祭期间,赛夏人会展示两项装饰艺术——舞帽、臀铃。各氏族青年肩扛本氏族标志的舞帽边走边跳,而跳动中的舞帽就像传说中撕裂后的山棕叶满天飞舞的情景。重重的臀铃则背在身后,借着数十条钢管或竹管相互撞击发出的声响,配合着舞帽的跳动演绎出赛夏人传统的歌舞。它们也是延续赛夏人的血缘关系、传承了赛夏人的命脉的重要载体。

矮灵祭,既非丰收的丰年祭,也非献祭给自己祖灵的祖灵祭,而是献祭给外来族群的矮黑人。整个仪式表达了向矮黑人感念、忏悔及修好之意。这在台湾少数民族的信仰中是非常特殊的,反映出赛夏人在历史发展中,受到外来族群的影响是非常深刻的。

邹人的特色祭仪——部落战祭

战祭,"玛雅斯比(Mayasvi)祭典"是邹人的特色祭仪。分别由达邦大社和特富野大社轮流举行仪式。目前战祭仪式已大大简化,保存下来的内容有:迎神祭、象征性的敌首祭、团结祭、送神祭、男初登会所礼、成年礼、家祭、路祭、歌舞祭等等。

阿里山邹人特富野社战祭仪式中的男子

举办战祭之前,男子必须修整"库巴"(祭祀场所的房舍)内外,清除狩猎道路沿途的杂草。为了祈祷顺利出猎,妇女们还要酿制水酒和糯米糕等祭品。

祭典当天清早,进行"迎神祭"。邹男子头戴皮帽、上着红衣、穿皮裤,上山采集木槲兰,然后冲入库巴会场。杀猪,奉献给战神,并以刀蘸猪血插在树干上,以引导战神的降临。众人再引颈高呼,禀告战神。接下来,

阿里山邹人特富野社战祭仪式中的男子

勇士们纷纷爬上赤榕树，砍掉多余的树枝，留下的几枝指向元老氏族、头目家族的家及库巴，象征天神下凡的神梯（库巴前的赤榕是邹人的神树，据说是战神降临人间的天梯）。之后用树枝插上生猪肉，再插于赤榕树干上，作为献给战神的祭礼。最后，参与祭祀的人们手牵着手围成半圆形，吟唱《迎神曲》："天神啊！猪已杀妥，血亦准备，请下来享用吧……"

"送神祭"是恭送战神回到天界的仪式。祭祀的人们必须吟唱《送神曲》："为你进行的祭典已经结束，为你吟唱的歌曲已经唱完，请你回到天上，我们会继续为你唱你喜欢的歌，希望你给予我们力量！"之后是《战歌》登场，这时，部落妇女适时地手持氏族之火进入会场，结合库巴的生命之火，然后加入乐舞行列，"祭场上的火就是永久的生命，女子们！你们从家里带来火把加入祭场上的火，并且加入我们祭舞的行列……"接下来，族人欢迎客人一起牵手共舞，共享邹人内心的英雄情怀。最后，勇士再唱

邹人头目头饰

《迎神曲》与《送神曲》，为玛雅斯比祭典画上完美的句号。

战祭不是庆祝丰收、共享欢乐的祭仪活动，战祭其实十分庄严肃穆。战祭的意义，除了有感谢神灵祖先帮助、缅怀先人创业艰难、训勉部落青年立志、奋斗精神以及表扬部落勇士外，还有"邀魂以安魂的意义"，即把所猎来的人头的灵魂献给天神，以纪念过去的战争，祈祝将来所发生的战争胜利。邹人每年举办玛雅斯比祭典的用意，还有祈求天神能够保佑族群内骁勇善战的勇士，出征顺利，平安归来。战祭因和生命有关，所以战祭又具有在部落出现重大伤亡事件或瘟疫时，寻求康复及去除疾病和不幸的功能。因此战祭祭典的对象是天神、军神及生命之神。

通过祭仪的举办，充分展现了邹人对天神的崇敬，也象征着各氏族之间的团结，它是紧密凝聚部落与族人向心力的重要形式。

阿里山邹人男子会所 ▶

排湾人的特色祭仪——五年祭

五年祭是排湾人最盛大的祭典。五年祭的祭仪活动，象征着部落的人们与祖先灵魂或神明相约。

关于五年祭的由来有两种说法：一为每隔5年，大武山的祖灵会下凡巡视所有排湾人的部落；二为从下凡到返回大武山，祖灵巡视排湾人各部落需要历经5年。有些排湾人认为，祖灵在巡视所有部落的回程中，会再次降临自己的部落。因此，五年祭的次年，他们会举行盛大的"送祖灵祭"，亦称为"六年祭"。

五年祭为排湾人最盛大壮观的祭典，综合呈现了排湾人的迁移历史、信仰与禁忌、祭仪体系、阶层制度与物质文化的风貌，在复兴排湾族群传统的浪潮与文化观光事业发展的共同推动下，俨然已成为排湾文化的代表。五年祭并不属于排湾族群的普遍性祭仪，目前只有屏东的古楼和台东的土坂村仍保留了五年祭的传统。

五年祭分三个阶段，即前祭、主祭、后祭三部分，为迎灵、娱灵、送灵之意。全程祭祀以头目、祭司、巫师为主导，全体部落社众一同参与。祭祀的主要仪式包括迎灵、召请祖灵、宴请祖灵、祖灵赐福活动、送祖灵等程序。

前祭 主祭活动的准备阶段。在这个阶段，为了让祖灵顺利归来，族人要整修祖灵必经之路，女巫们要做各种隐蔽、保护的仪式，搭设竹棚供恶灵栖身，以避免恶灵进入部落破坏祭仪。男人们则负责制作主祭时使用的祭竿、祭球（由葛老藤或者相思树皮等制成），搭建祭球场等。

主祭 整个祭仪的高潮和重心，借由召唤神祇和祖灵归来与部落族人同在，全体部落社众聚集在刺球场，祈求祖灵所赐的祝福和好运通过刺球活动，降临到自己和家族人身上。主祭的具体步骤如下：

迎灵、召请祖灵仪式：祭司先到祭仪始祖神座前插上一只祭球，恭迎之后，盛装的人们齐聚祖灵屋，大头目、巫师、祭司在屋内举行仪式，挑选十余个祭球并为之除灾祈福，勇士们在屋外牵手围唱"英雄颂""迎送祖灵之歌"。接下来，主祭的祭司点燃一束小米梗，青烟随之袅袅升起，排湾人期待祖灵借由"烟"的召唤平安归来与族人团聚。

宴请祖灵：祭典期间，族人在祖灵屋及各家家庙准备槟榔、酒、猪肉、猪骨、小米等丰盛的祭品，恭请祖灵享用。

刺球活动：圆形刺球场上，排湾勇士们英姿焕发，全神贯注，高举30米长、代表自己族系的竹竿，争先恐后、奋力用长竿刺中抛落的福球。刺竿是族人祈求、领受祖灵自天上恩赐幸福的工具,而福球则是各神灵所赐予的运势和灵力。以竹竿刺球,代表各家族以竹枪领受神灵的恩赐,包括耕作、狩猎、健康、人丁兴旺、抵御外侮或征服敌人等。刺球活动将五年祭推向高潮。

　　刺球活动象征着人神共娱,是祭司活动的核心内容,也是凝聚全族人情感,促进团结和谐的重要载体,而祭仪中所伴随的饮酒、集体歌舞,也加强了彼此间感情的交融,赋予了刺球活动深刻而丰富的社会意义。

　　后祭　即送祖灵仪式。当刺球活动结束后,祖灵已完成寻访该部落的目的,准备离开继续其他部落的寻访之旅。这时,该部落的族人照例要在祖灵屋准备丰盛的食物献祭,宴请祖灵,然后恭送祖灵出境。过去,送灵后男子还要集体上山狩猎,据说此日必定丰收。之后,头目、祭司、巫师齐集祭坛,拜谢神恩,五年祭结束。

　　比较之下,六年祭的送祖灵仪式更为隆重。六年祭是五年祭的延续,祖灵从上次离开部落到回程再次与族人相遇,历时半年至一年。族人无不欣喜,无不盛情款待,跳舞歌唱,自娱与娱灵,各家族代表带着祭品跟随巫师、祭司来到部落外恭送祖灵,将祭品抛向祖灵离开的方向,代表族人已将心意交给祖灵,在头目的带领下与祖灵告别,期待下一次五年祭的再度相逢。

刺球时,每个排湾勇士莫不奋力向上刺,祈求带来好运

> **知识链接** 肃穆的刺球竞技　　刺球不仅是排湾男子的一项竞技体育运动，也是排湾勇士展示本领的一次检验，其中有许多古老的习俗与禁忌。在第一次迎神祖灵的仪式之后，大约清晨六点钟左右，参与刺球的勇士们默默地来到刺球场。除了男、女祭师和刺球以外，其他人不能在场，以表示对神祖灵的敬畏。刺球场中央，只有负责刺球的勇士才能够进入。早期，参与刺球的勇士都是出草的英雄，刺球活动进行中，老弱妇孺避之不及，因为刺球场上善、恶灵齐聚，身体虚弱者会受到邪灵的侵害。

卑南人的特色祭仪——猴祭、大猎祭

从当年的12月24日起至新年的元月2日，卑南人会举行"猴祭""大猎祭""联合年祭"等一系列活动，来除旧岁迎新年，完成"年祭"祭典。其中猴祭、大猎祭是卑南人最核心的祭典，这两个祭典与卑南人的社会组织关系密切，特别是与男子成长的每一环节息息相关，被视为卑南文化的基础与文化发展的动力。

猴祭　　卑南少年进入成年之前的素质训练方式，也是维系卑南男子社会的重要机制。猴祭的目的是通过刺猴来训练卑南少年的胆识、培养服从与应对进退的品格，并使他们体会生命的意义；同时也让部落中的天灾人祸及霉运，随着猴子的死亡而离去。经过一次刺猴，少年在会所中晋升一级，因此猴祭也被视为卑南少年的成年礼。

每年12月中旬，父母可以随时送家中适龄男孩至少年会所。第一课便是"囤臀"，由会所的老学长执棒囤打各年级的学弟们，目的是培养服从领导的精神和训练耐力。十多天的团体生活，每一项都有着传统意义。之后要练习搭建茅舍、编草猴、制作刺猴竿等。24日前后，少年们将上身赤膊，全身涂黑，手拿芭蕉叶到各家各户"报佳音"，为族人驱除霉运，祈求新的一年带来好运。

猴祭当天，少年们身着传统服饰，手持长矛和弓箭从少年会所向祭场出发，其中几人抬着草猴。到达祭场后，所有少年都要参加测试体能的长跑，然后举行刺猴仪式。刺猴仪式是整个活动的高潮，把草猴架上，由少年们分批刺杀，之后长老带领少年唱祭猴歌，以吊猴灵。最后一项是弃猴仪式，象征祈求一切灾难从此远离部落。这些项目完成后,高年级少年将以竹子鞭打低年级少年屁股,表示同意晋升一等级,刺猴仪式宣告结束。

大猎祭 除旧、猴祭之后,大猎祭便拉开战幕。传统上的大猎祭,过去曾长达数月,现已改为3天,每年的12月27日至30日举行。

大猎祭原始的内容为年度的狩猎、复仇与猎首。照例,长老们先为少年会所最高一级的男孩,围上象征进入青年会所的蓝色腰布,然后让他们随同青年会所的学长们上山狩猎,接受三四天的野外身心挑战的训练,训练内容包括上山打猎、野炊、差役、守夜等等。首先出发前以占卜的方式确定出猎日期,接受亲友的饯行祈福。到达目的地后,搭建休息场所,祭祀山林野兽;行猎时,不同年龄阶段的各司其职,分工合作;夜晚休息时,吟唱祖先留传下来的诗词歌赋。

▶ 大猎祭中捕获山鼠的卑南青年

大猎祭的祭仪活动有追思怀远的意义,是让青年们不忘过去,重新回到祖先战斗过的山林里的一种方式,使年轻人通过身临其境的围猎实践,获得狩猎技能和传统道德的教育。刺猴和狩猎是每一个卑南男子生命过程中的第一主题。

> **知识链接** **妇女除草完工庆** "妇女除草完工庆"被称为卑南族群的妇女节。"妇女除草团"是卑南女性的主要组织团体,女性自少女便成为其团员。传统的卑南人社会,女性主要负责农事等活动,在开垦、播种、除草、收割等农忙时节,为解决人力调配问题,卑南妇女组成"除草团",轮流到各家田地劳作。花汛期是农作物播种季节,在此期间,除草团妇女集合起来,赴田间拔除杂草。工作结束后,部落男子要为妇女们举行除草完工庆,以感谢和慰劳妇女的辛勤劳动。如今随着时代的变迁,这种祭仪的目的已从最初庆祝除草完工转变为宣扬互助合作精神。庆祝时间缩短为1至2天。

除了以上台湾各少数民族族群的祭仪外，撒奇莱雅人的夜祭、嚎海祭，马卡道人的祈雨祭、夜祭等祭仪也各具特色。台湾少数民族为适应社会环境，其信仰方式已经发生了很大的变化，呈现出多元化的状态。基督教、天主教等外来宗教信仰，也逐渐被许多台湾少数民族所接受。

随着时光的流转，台湾少数民族的传统祭仪也产生了一些变化。有的则因为历史因素而逐渐消逝，或被简化。在台湾少数民族越来越浓厚的怀旧热潮的簇拥下，有些部落自发地开展了祭典复苏计划，有些部落则借由官方经费和推动下，传统的祭仪逐渐恢复并形成常态性的文化活动。让传统与当代流行文化相结合，从而恢复台湾少数民族古老而智慧、神秘而多彩的祭奠文化，这确实也显示了台湾少数民族的良苦用心，当然也对保留和发扬民族的优秀文化具有重要意义。

第七章
少数民族
文化巡礼：
物质文化

台湾少数民族在长期与大自然的斗争中，形成了各具特色、差异显著的建筑风格，并成就了一批独具特色的手工艺，如雕刻艺术、制陶艺术、编织工艺、造船工艺等。心灵手巧的少数民族，还创造了色彩斑斓的民族服饰。

建筑特色

由于纬度、海拔、社会组织不同,各族间的建筑各有特色,有明显的差异。下面简要介绍台湾少数民族部分建筑的特色。

泰雅人建筑

泰雅人在台湾中北部分布很广,随着地理条件之变化,各地住居的变化很大,大体上可分为中部、西部、东部及西北部四类型,所用材料包含石、木、竹及茅草等。

依日本学者调查,有北、东、西及中部四种类型,平面及构造略有差异。主要的室内空间用法是长方形的建筑平面,靠近墙壁的部分摆床,床的附近开小窗可采光。屋内后边为尊位,多为老年人所用。入口内部则为妇女工作空间。

建筑类型除了住房外还有其他必要的设施,包括贮存、收藏的仓库,通常是架高约1米,有的甚至再高一些的干栏式建筑物,屋顶为斜坡式或略带平顶,主要以遮蔽雨水为主。在四根柱子的结构与上部建筑物之间,柱子上置有防鼠板,为略带弯曲的木板,目的是防止老鼠翻越到仓库上面。

泰雅人半地穴住屋檐下有支柱

墙壁以竹子和山区的石头混用,竹子当成围篱,竹子上砌厚的卵石即成墙壁,这种方式可增加墙壁厚度并且用竹子来框住石头,可以有效御寒。屋顶除了用竹子和茅草外,有时用竹竿搭防护的屋顶构架,有时用粗的麻绳把屋顶的茅草捆住,当台风来临时,屋顶不至于被掀开,这些都是加固、防护的技术。泰雅人在部落边缘选择一个制高点建造瞭望台,可做警戒之用，也属干栏式构造，但柱子非常高，可以高达二三层楼的高度，旁边有简单木造阶梯可登，平时派人在瞭望台上守望，让视野更辽阔。

> **知识链接** 不同类型的泰雅建筑
>
> 以瑞岩社的竖穴式民居为例，它的平面呈长方形，室内地面向地下陷入约1米，可取暖，内部无隔间。地面上的墙体以横木上下并成，内外夹以木柱，这种结构有点类似井干构，但交角处并不相交。它的屋顶为双坡覆草顶，桁木架在弯曲如弓的大梁上，两端山墙则以扁木板为柱，构造极为简洁有力。
>
> 又如泰雅眉原社的半筒形屋顶住居，外观非常优美，平面呈长方形，入口设在短边，墙体为典型的横积木式，内外再以扁木柱夹柱，构造坚固。它的床用四根短柱支撑，置于角落。最大的特色是利用巨大弓形构成屋顶，外表覆以经过整修的茅草，入口上方也以茅草编成一个可以遮雨的半月形盖。
>
> 在泰雅人的建筑中，最能利用地理特色来营造房屋者，以泰雅人南投万大社深地穴式房屋最受注意，入口内要架木梯向下走才到室内。

赛夏人建筑

赛夏人分布在新竹、苗栗山区，部分人口迁移到比较接近平地的丘陵地带，所以汉化得比较普遍。其社会为父系继承制度，赛夏人口较少，居住范围也不大，跟泰雅人接近，采用火耕，所以农作物收成也是相近的。按照早期日本学者研究，建筑物也采用长方形平面，屋顶用茅草做成人字形。不过受汉人影响较深，房舍内有隔间，成为复式平面，中央为起居室，旁边为寝台或炊事房。

赛夏人竹造住屋室内隔间

布农人建筑

布农人的建筑较精致，因为是大家族制，规模比较大，一般

布农人石板屋外观

以石板、木头搭成，墙壁多用石板，但室内的梁柱用木材，部分用石材、竹子。最明显的特色是房子的中央地带设置一个贮存收成谷物的空间，周围才是睡觉的床铺。使用石板，部分构造与南部排湾、鲁凯有些类似。常可见在主屋室内与外面院子铺以平坦石板，非常干净。并且有左尊右卑之区别，老人常使用左边房间。

邹人建筑

邹人建筑有其特点，平面除了长方形外，也爱用椭圆形或卵形，屋顶常做成圆形，像一顶斗笠，用茅草覆盖，非常厚，可抵御雨雪。部分建筑物也是干栏式构造，特别是供男子用的集会所，面积可以达四五十坪，屋顶做成圆锥形，地板高架，在斜坡上立起长短不一的柱子，可以避潮气，这种集会所只当成公共用途，所以没有墙壁，实例可在阿里山达邦社见之。

邹人建筑之木雕阶梯

阿美人建筑

阿美人因人口众多，所以建筑物规模也较大，通常室内都有20坪或30坪以上的面积，平面长方形。至于梁柱则用藤条捆绑固定。建筑物的墙壁多用竹子或木板等材料，少用石材。有的是使用巨大的木头砍劈而成梁架，或用密编的竹子做成类似竹篱笆式的构造。屋顶为两坡式，即人字顶，通常覆盖茅草，且多厚达半米多到一米，因较厚的屋顶可使室内冬暖夏凉。阿美人谷仓的屋顶也覆盖着很厚的茅草，甚至还使用竹子和绳索来捆绑固定茅草，出檐可深达半米以上，具有避雨的功能。另外，谷仓采干栏式构造，其室内地面高出外面约0.5米—0.6米左右。住所旁若是附有两座或三座谷仓，可表示此处主人为富人，而随着家庭的财富增多，其建筑也较为豪华。此外，建筑的前后皆留有一处很大空地，常建围篱，再配上周围的槟榔树、谷仓或公共建筑、集会所等，可形成一个部落空间。

排湾人建筑

排湾人的建筑种类众多，住居建造主要是使用石板，即台湾南部地区所产的一种页岩，除了墙壁可用石板筑造之外，甚至屋顶的瓦片也用

◀ 排湾人住屋内部

石板替代。而用石板筑墙的优点是冬可御寒夏可防热，还可以在墙上留设壁龛，以放置日常的生活器具。而室内的结构是用木头，其木头的加工度很好，有些头目住居的门楣或室内中央的"祖柱"都施以精致的雕刻，如百步蛇的图腾或是祖先像，这种精致雕刻还可见雕在屋檐内的柱子上。

> **知识链接** 排湾人在屋顶构造方面，使用石板建成的屋顶，每片石板皆有重叠，所以可发挥防水的功能，但也有些用茅草编成屋顶。而在头目住居或室内木板上常雕有许多精美的图腾，有如壁画一般，壁龛里则放置陶壶，这些陶壶被视为很珍贵的财产，因为通常是历代祖先相传下来，所以排湾人视为珍宝。头目的住所前通常会有特别的标记，即在木板或石板上雕出百步蛇图腾或是祖先像，前院有略高起的司令台。

卑南人建筑

卑南人建筑与排湾人、鲁凯人很接近，但少用石板建屋，多用竹子、木以及茅草。

卑南人最重要的建筑物是一种很高的集会所，即少年会所。

卑南人很重视儿童教育，在儿童到一定年龄时，就要到这个会所接受如求生或战斗技能等训练，会所的高度可达10米，约二三层楼的高度，屋顶常为圆形，主要为木竹结构并使用捆绑的技巧来建造，底下的柱子很密集，多达20余根，且为了巩固会所使之不致摇晃，在四周设置45°斜撑柱，将高达10米的会所支撑住。另外，茅草屋顶上又用竹子压着，防止屋顶被风吹垮。室内中央设火塘取暖，周围才放床位。

▲ 卑南人少年会所

▲ 鲁凯人屏东大武社头目住屋

鲁凯人建筑

鲁凯人室内早期为单室，后期改建为复室，中央有"祖柱"，以巨木雕百步蛇与祖先像成为守护神柱，石板墙凹入成壁龛，放置祖先留下来的陶器宝物。鲁凯人善于利用石板建材，不论是墙体或屋顶多用石板，而加固墙体的支撑柱也用石板，室内的床、地板及灶台亦皆用石板。

巧夺天工的手工艺

过去台湾南岛语族群手工业不发达，多处于最低限度的自给自足家庭状态，没有脱产的手工业专职者。然而，各族群都有传统的手工工艺特色。阿美人以农耕、捕鱼为主，生活中有许多实用的手工艺如竹编筛子、鱼篓、草席等。排湾人特殊的工艺是连杯，以木制刻成并排两只杯体，装饰有百步蛇纹与人像纹，传说男女有意结合，共饮连杯表示永结同心。布农人以实用的木碗、木匙与酒勺居多。卑南人以月桃席闻名，也可以月桃叶编出小提篮、针线盒等。鲁凯人的特殊手工艺是臀铃，过去是作为重要事件通知部落用。赛夏人居住地多竹，竹艺是传统拿手绝活。泰雅人善藤编，有藤帽、藤编和麻绳编成的网袋。邹人因狩猎，擅长以兽皮来制作衣服，多是山羌或山鹿皮，并用羽毛装饰兽皮帽。达悟最具代表的是拼板造舟，上面的雕工精美精巧，是造舟工艺的结晶。这些手工产品多自产自用。

雕刻艺术

排湾、鲁凯、卑南等族群有木、石雕刻艺术。雕刻在台湾少数民族文化上具有象征意义。

南部诸族群的雕刻在性质上是属于象征的乃至写实的雕刻艺术，主要和阶级社会及宗教信仰有关。雕塑主题主要接近生活，除了人像、百步蛇外，还有山猪、山鹿等图样，反映狩猎生

◀ 排湾木雕

活。雕刻的种类有凹刻、浮雕、透雕与立体雕刻等，而雕刻的器物种类繁多，尤以排湾人为盛，其器物种类有建筑、家具、用具、武器、宗教器物等以及玩赏雕物等。排湾人最常见的雕像为人首与双蛇，其次为裸身人像、动物及蛇纹、菱纹等。

北部、中部诸族的纹饰雕刻，艺术较低而雕刻物亦少，如

▲ 人像、蛇纹木屏风

第七章 少数民族文化巡礼：物质文化 133

艺术成就非凡的排湾雕刻

石板雕桌面

泰雅人仅在竹制的耳轴、笛管、烟斗进行雕刻等。赛夏人也只是在口琴、笛琴、弓背上刻以几何图形线条。布农人、邹人则在刀鞘、弓背上刻以三角形缺口或点纹，用以记录其猎首及猎获的回数。邵人则以刳木工艺制成独具特色的木杵和独木舟。

另外阿美人的雕刻多半在住屋的木柱上，以木雕记载英勇事迹。竹口琴上的雕饰也是阿美男子的精心杰作。达悟人以山羊雕刻表示财富的象征，有时也直接以山羊角来做装饰。卑南人的雕刻品多展现在猴祭使用的竹竿、竹水筒上。

在排湾人、鲁凯人的社会里，能很容易见到那些带着浓厚原始色彩的雕刻，高大的家屋立柱，雕刻着男女祖先身像；大块的石板上浮雕着祖先英雄像及头像，往往一个或多个并列一起；横梁、壁板之雕刻，无一不是简洁而有魄力的作品。石工艺是以板岩为其主要的建材，在排湾文化中除技术层面外，在财产制度与象征体系方面，石头都具有丰富的意义。

> **知识链接** **排湾人的雕刻艺术** 排湾人的雕刻远近闻名，他们在各种生活用品、装饰品以及住宅门窗、板壁、房梁、屋檐等处刻绘各种美观图案文饰，其中以百步蛇图案最为突出。住宅雕绘表现森严的等级限制，一般只有贵族家庭才享有蛇形纹饰。木雕有木枕、木桶、木匙、连杯、烟斗等。木枕是将木头镂空，在表面雕刻图案纹样，如鹿纹、人头纹、蛇纹等；连杯是排湾人特有的器物，分双连、三连等，两端有柄，可供执持把握，柄部和杯体均有雕刻。

雕塑维系着族群文化传承延续，是台湾少数民族生活创作上的重要表现方式之一。例如东排湾土坂部落的祖灵屋走过战乱及岁月的历史性浮雕是祖灵的化身，部落里的大事和祭仪都要在此请示。

蛇及人头纹图木雕

制陶工艺

台湾少数民族中保有陶器的有布农、排湾、鲁凯、阿美、卑南、达悟等族群。布农人制造陶器的方法是把黏土塞进圆形网袋里，使陶器中空，阴干后再烧制，于是陶的表面会有网形的饰纹，陶器口部也会很大，不会有圈足。

传统陶瓷对排湾人、鲁凯人而言是地位权势的象征，永远摆放在家中显著的地方。以陶瓮造型为衣饰、刺绣及各种图案的表现随处可见。陶壶被认为是贵族阶级的传家宝、祖灵的化身，是祖先留下来的遗物，制作时须有头目的允许，因此被当作是传家宝或贵族婚嫁中不可或缺的聘礼。排湾人的陶器大都是罐形器，也有少数瓶形器和扁平的瓶形器。纹饰多在口部、颈部和陶的上半部，有凸起的浮塑，也有用硬物捺印或尖物刻画的。花纹种类有圆形纹、三角形纹、米点、珠琏形、点状、波浪形等，变化多，样式也美。

阿美人和达悟人做的大多是罐形器，制作出包括日常用具的锅、杯、汤碗等，造型独特古朴。阿美人陶器的特点是葫芦形和瓶形陶器，由妇女制作。达悟人不但做无足的罐形器，也会做陶碗、陶偶。陶偶艺术已成为达悟人的表征之一。

达悟人制作的陶器和生活息息相关，如煮飞鱼的陶瓷或盛菜的碗盘，通常是男子的工作。其工艺程序是：先将黏土捣碎，然后用石板碾磨，用水调和均匀，最后手工制成陶罐、土偶及其他器物。烧成后，呈黑褐色，形态各异，栩栩如生。

◀ 古陶壶

▲ 精美的排湾陶壶

▲ 精美的排湾陶壶

赛夏人的藤编工艺

编织工艺

台湾盛产竹藤，因此各族都有以竹藤为材料，编成各种日常用的器具，编篮是最为普及的手工工艺。仅用小刀将竹、藤编制成各式各样的背篓、鱼篓、渔筌、藤包等编器，大的如背筐、箩筐，小的像首饰盒。编法主要有两类，一为编织编法，一为螺旋

布农妇女编篮子

编法，竹材较适宜编织编法，最常见的有斜纹编法和方格编法。螺旋编法用藤材，由于藤比竹少，所以较少见。

卑南人的编织历史悠久，其编织原料多采用藤、竹，编织技术颇为精细。工具虽然极其简单，一般只有一把小刀，但却凭借精湛的手艺编织出形态各异的器具。常见编法包括人字编、方格编、六角编等。编器一般以容器、渔具为主，如各种背篓、提篮、渔筌等。现在，卑南人在保留传统编织技艺的同时，还吸收了绘画、美术等工艺，使卑南编织法不断完善和发展。另外还有月桃编织的有月桃席、盛物箱器及网带编织。

利用传统图腾及几何图形编织而成的手工项链

泰雅人的麻纺织工艺在各族群中最为发达，纺织在泰雅属妇女的工作，会以纺织之巧拙评定妇女的社会地位。

造船工艺

达悟人的造船工艺精湛。以狭长而首尾飞翘的龙骨为基础，然后放置横板，板与板之间为咬齿状，相互衔接，用木钉钉牢，再用木浆或木棉纤维填充勾缝，俨然天衣无缝。这样，雕舟式的渔船大体建成。包括船体、船眼的雕绘工艺，一般要请德高望重的长辈主刀勾勒，再由年轻小伙子精雕细刻。雕刻竣工后，被涂抹白石灰、红色赭土和黑色炭灰。

达悟人用一把斧头制作拼板雕舟

达悟人新船下水仪式

达悟图纹：波浪纹

除达悟人的拼板嵌合雕舟外，邵人的独木舟也很有特点。独木舟一般用樟树干刳空其中，称"蟒甲""艋舺"等，结构简单，但设计精巧，多者容载二三十人甚至更多，少者容载一两人，驾驶在河川汊港上，虽风浪汹涌，亦无倾覆之虞。

色彩斑斓的民族服饰

台湾少数民族服饰中可移开的活动装饰种类繁多，大致分为服装及饰品两大类，自头部而下，分别有头饰、帽子、头巾、额饰、耳饰、颈饰、霞帔、披风、上衣、胸兜、臂饰、背袋、腰饰、臀铃、单片裙、后敞裤、腿饰、腿围、鞋。

服饰穿戴目的及取材

李莎莉在著述中指出：台湾少数民族男女服饰皆分为常服与盛装两种。常服即居家、耕地、上山打猎时所穿着，盛装则多为外出做客、举行节庆祭祀时才穿戴。大致而言，在服饰上饰以织纹，鲜艳的色彩即为盛装。

由此可见，台湾少数民族穿戴服饰的目的与生存条件、生活方式、节庆祭祀有关。此外，还存在如排湾服饰与族群社会组织、阶层制度相关，卑南服饰反映其独有的年龄层次，鲁凯服饰体现穿戴者财富荣誉等部分特殊现象。

服饰取材广泛。其中，服装取材以麻线、棉线为主，另外还有毛线、兽皮、树皮等。麻线，是台湾少数民族最主要的织布材料，制作麻线的传统方法是将麻树砍倒，浸泡在水中，使其稍微腐烂，树皮容易脱落，再抽出麻线丝使用。台湾少数民族与汉人、日本人接触后才改以棉线为主。棉布因为廉价美观、穿着舒适而大量进入服饰中，使得传统织布技术日渐式微。毛线则以羊毛为主，其来源，推测为17世纪进入台湾的荷兰人所带入的毛毡。

◀ 以云豹的皮毛做成的云豹衣

饰品取材更为多元。传统饰品由植物花叶、贝类、琉璃珠、铜铃、兽皮、兽牙、羽毛、银、铜等材料制成，与外界接触后，与汉族人、日本人交易获得白磁纽扣、塑料珠、金属亮片等材料，装饰于头、耳、颈、臂、腕、胸、腰、踝各处。

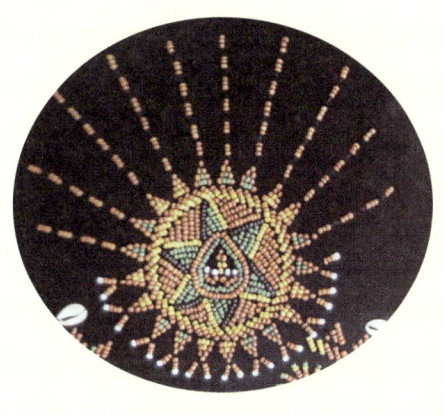

▲ 排湾人刺绣上的太阳纹

独特的织布技艺

织布技能是考评妇女社会地位及才能的重要依据。过去各族群妇女均需掌握织布技艺，只不过后来部分族群因与汉人接触取得廉价棉布或是从邻近族群取得织好的麻布，而渐渐丧失了技

◀ 刺绣作品

◀ 传统织布机结构图

（图中标注：打纬板、顺纱弓形棒、综绕棒、梭杼、腰固定带、夹布轴、挑纱棒、经纱轴）

艺。及至近代，复兴织布技艺被族人视为复兴族群文化的一个重要组成部分，目前可在泰雅、达悟、邹、鲁凯等族群部落中见到传统织布技艺。除编织制衣布料外，自织布匹还用来制作槟榔袋、情人袋等，所以台湾少数民族迄今仍种植麻树。

> **知识链接** **移动式水平背带织布机** 台湾少数民族普遍使用的织布机称为"移动式水平背带织布机"。这种织布机包括有：背带、布卷（或织轴）、打棒、综线棒（布农人）、隔棒、固定棒、梭子及长方形中空的经卷（或经轴）等。使用时，织布者水平坐正、双脚伸直，故又被称作"足蹬式"水平织布机。

◀ 达悟人用椰子皮编织的帽子

"达戈纹"为日月潭邵人著名特产。邵人妇女所织"达戈纹"，"陆离如错锦，质亦细密，四方人多欲购之，常不可得"。各族群的纺织方法一般采用垂直纺轴，以手搓捻后缠于轴上。机械属原始的平地腰机型，即水平背带机。

纺织品主要有白麻布和条纹麻布，还有棉布。泰雅、赛夏等擅长织绣，排湾、卑南、布农、邹等善于在衣服上刺绣，排湾人还有贴饰的工艺。此外，泰雅、排湾等还将玻璃珠穿在衣服上，缀编图案，颜色各不相同，甚为美观。

各族群特色服饰

泰雅人 男子服饰可准确地反映出穿着者的社会地位及财富,而部落妇女的社会地位及才能则依据织布精巧来评定。泰雅人相当喜爱贝壳做成的饰品,他们的首饰、耳饰、胸饰、臂饰、腿饰皆可见贝壳元素。

知识链接 泰雅勇士拥有一种独特的、通体以贝珠进行装饰的礼服——珠衣。贝珠是以砗磲蛤磨制而成的很小的圆柱状白色珠。一件贝珠衣约用数万粒贝珠缀饰,一般重达二至三公斤,加上铜铃等配饰,最重可达六七公斤,极尽奢华。泰雅人虽无阶级制度,但其珠衣却象征着社会地位与财富,是族长或勇士们最贵重的礼服,过去仅在出战及出草凯旋时穿戴。

◀ 典型的泰雅勇士装扮

赛夏人 矮人祭典时,参与族人皆佩戴臀铃,男女皆可佩戴。臀铃多数呈三角形状,主体部分用棉布包裹而成,棉布以上装饰镜子、珠子、亮片等,棉布下缘缀饰珠链、竹管、铃铛、子弹壳等。穿着时,将臀铃上缘的背带从背后分别跨过双肩系在腰后,似背书包状,祭祀时配合舞步使臀铃发出清脆的响声,故又称"背响"。

◀ 赛夏服饰

布农山羌帽饰

布农人 布农人传统服饰上的图案均仿自百步蛇背脊纹，即菱形纹。以山田烧垦和游耕为生的布农人，对于农作物的祭仪复杂而隆重。布农人祭仪时演唱八部合音，演唱者均为成年男子，着盛装出席。由于男子演唱时必须面对面围成一圈，所以妇女们将装饰的重点放在了衣服的背面，一种相当常见的做法，是在背部腋下部分施以一道横向挑织菱形花纹。

邹人 以猎物的兽皮作为服饰材料是邹人的特色。皮制品包括皮背心、皮披肩、皮袖套、皮后敞裤、皮鞋、皮制胸饰等。在盛装时佩戴插有兽羽的皮帽是邹人成年男子的显著特征。这种皮帽通常采用较软的动物皮如鹿皮进行制作，取两片水瓢形鹿皮拼接一起后将中间缝合呈半球形，在底部使用贝片、白纽扣、贝珠等进行装饰，同时帽顶插上1—4根鸟羽，以彰显英武勇敢。羽毛过去多用鹰羽或鹫羽，现多用帝雉的羽毛。

鲁凯人 鲁凯人刺绣技艺精湛，在鲁凯人的众多刺绣技法中，缎面绣是鲁凯人特有的难度较高的刺绣方法，每一条线无论长短，必须整齐并行排列，不能重叠，不能有间隙，一旦绣错，只能拆掉重绣，费时费工。绣面讲究光滑整齐，花纹多以菱形为主，取自百步蛇背脊的纹样；颜色以红、黄、绿三色为主；部位多在领围、袖口、袖山线、裙缘、右襟及前襟的两端等处。

鲁凯服装上的刺绣图案

百合花舞流露出鲁凯妇女婉约之美

> **知识链接** **高贵的百合花** 百合花是鲁凯人的族花。头戴百合花饰，对鲁凯人来说具有特殊意义。女子戴百合花饰为贞洁的象征，男子则需捕获六头以上的公山猪，成为狩猎英雄，才够资格戴百合花。百合花佩戴的方式也有规范，只有头目的百合花饰可以朝正前方佩戴，其他人只能朝向左右戴。

排湾人 早期男子短上衣前襟中央施以整齐的花纹，后来随着族人审美的变化，多在上衣的前襟、两侧开叉处、下摆皆施以花纹，纹路以人形纹（人头、人像）、兽形纹（蛇、鹿、豹、狗等）、植物形纹（花、草）、几何形纹（三角形、方形、菱形、太阳形、宇宙形纹）为主。这些纹饰几乎遍布整件服饰，且男女皆可穿着。

◀ 穿着鞣皮衣裤的排湾老人

卑南人 卑南男子有着严谨的年龄阶级与会所制度，不同年龄层次的男子服饰不相同。早期多以麻布为原材料，现今以棉布为主要制衣材料。服饰纹饰通常以鲜艳的红、黄、绿三色为主色调，夹杂黑、白、蓝等色凸显出类似蛇鳞状的多层菱形纹，并搭配细致的十字绣花纹形，是卑南人服装上的一大特色。

> **知识链接** 花环是卑南人节庆时的必备装饰，男女戴法不同，女子佩戴时前高后低，男子则是前后平行。它是妇女对男子表达爱意、对长老表达敬意的最佳方式。卑南男子头上的花环越多，代表其受到族人欢迎或尊敬的程度越高。

◀ 身着传统服饰的卑南人

东海岸阿美妇女帽饰 ▶

花莲阿美青年帽饰 ▶

阿美人 早期服饰材料以麻线、楮树树皮、香蕉树皮为主,而后改用棉布。今天最常见的台东阿美女子舞衣是二十几年前由瑞士籍魏克兰修女设计的。舞衣包括带有亮片白羽毛的环形头饰,霞帔,流苏裙,流苏裙多用于盛装时系最外面,虽尺寸大小不一,但下垂的流苏必定是五块,且左右颜色对称排列,最外缘两块颜色一致,中间一块、两侧的两块颜色一致。

达悟人 由于兰屿终年潮湿炎热,同时也为了下海方便,达悟人的传统服饰十分简单,兰屿男子一般赤裸上身,光着脚,用一条白色兜布将身体前边下部遮掩,并缠扎固定于腰间,这条布带称为裤布,

俗称丁字裤,所以兰屿也有"丁字裤小岛"之称。如今,兰屿人的着装已与台湾本岛一样,只把这些传统服饰保留到特别的节庆才穿。不过,如果运气好,特别趁着他们清晨准备出海的时候,还可以看见不少上了年纪的兰屿男人穿着传统的丁字裤在海边修

银盔是达悟男人参加重要典礼时的必备礼帽 ▶

补渔网,头发已经斑白了,但他们结实的手臂、背部、臀部丝毫没有赘肉,散发出一种达悟男人豪迈的健康美。

▶ 穿着传统民族服饰的达悟人

同世界上其他族群部落一样,台湾少数民族在迈向现代化的同时,也面临严重的传统文化消失的族群文化危机,已成为台湾社会高度发展下的一件憾事,应该深入挖掘和研究,并充分保护。

第八章
少数民族文化巡礼：精神文化

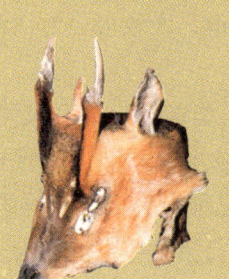

台湾岛独特的自然环境造就了具有独特精神文化的台湾少数民族，瑰丽丰富的神话与传说、流畅动人的歌谣、热情奔放的舞蹈等，都是台湾少数民族传统文化的重要组成部分。

瑰丽丰富的神话与传说

台湾少数民族的神话与传说，是他们对宇宙构成、异象和灾害等自然现象进行的猜想和解释，有太阳神话、洪水神话和创世神话等，这些神话传说，是他们传统文化的重要组成部分。

太阳神话

各族群都有太阳神话流传于世，大致可分为拜日型与斗日型两类。

拜日型 此型太阳神话与人类起源有关，又可分为两个亚型：一是兄妹婚亚型。传说，很久很久以前，泰雅兄妹俩为了追寻太阳，自中国北方跨越喜马拉雅山，取道南洋群岛，到了台湾。兄妹二人隐居高山之中，以打猎为生。后结为夫妻，繁衍后代，才有今日的泰雅人。

二是太阳为繁殖人类之母的卵生亚型。排湾人传说他们的祖先是太阳卵生的。太古时代，太阳在"茶卡包根"山顶，降下红白二卵，命百步蛇"保龙"保护。不久孵出男女二神，这二神的后裔变成了排湾贵族的祖先。至于平民的祖先，是名叫"丽莱"的青蛇孵出来的。

鲁凯人传说太古之时，太阳与壶结婚，生蛋（女性）。此蛋与岩石生的男人结婚，生一女叫 Valon-valon；她又与百步蛇结婚，生了两个男孩。Valon、百步蛇与长子升天去了，次子 Cano-vako 就成了部落的头目。

这三个族群的太阳神话，比较而言，排湾、鲁凯两族群的太阳神话更原始些，是太阳繁衍了人类；泰雅的这则太阳神话是在有了人类之后，这或许是他们本来以中国内地的北方为祖居地，在辗转迁徙的过程中，太阳神话的原始面貌失落了。

斗日型 此型神话，在母系氏族社会里见不到，而进入父系制的泰雅、布农、邹、赛夏、排湾和鲁凯六族群都有射日神话。在他们的射日神话中，主要叙述以下内容：

第一，天上有两个太阳，日夜轮流照射，人类苦不堪言，难以忍受。布农人传说太阳照射的酷热把孩子晒干了；赛夏人传说没有昼夜，终年酷热，河水干了，担心地上的生物会灭绝。于是，有射日之举。

第二，被射中的一个太阳（或瞎、或残、或死）变成月亮，从此太阳、月亮分昼夜轮流出来，人间才有温暖。

第三，表现了各族群的先民们为了征服大自然，追求幸福生活的顽强拼搏精神，有的是父子、祖孙为了射太阳，一代接一代地奋力向前，有的是夫妇、兄弟同往，不达目的誓不罢休。如雾社传说：

有两个太阳两个月亮一起出来，一个壮年父亲带一个青年和一个小孩儿去讨伐太阳。父亲没走到目的地就死了。青年变成壮年，射死一个太阳和月亮，另一个月亮被射伤了，才有了白天与黑夜之分。在回来的路上他也死了。只有那个小孩儿回到家乡时已成为白发老人了。

◁ 布农射日石雕

知识链接　泰雅射日神话 从前天上有两个太阳，它们不分昼夜地轮流照耀着大地，使得地面酷热难耐，河流干涸，农作物无法生长，世间万物苦不堪言。于是族人们就商议，必须射下一颗太阳，方可使部落安居过活。在族人的推举下，三个勇士背着婴儿带着干粮出发了。他们没日没夜地赶路，跨越高山林莽、峡谷河川。可是太阳实在太遥远了，当他们到达太阳升起的地方，三个勇士已变成白发苍苍的老人，且相继离世，但这时婴儿们也已长大成人，他们用尽全力拉开大弓，将其中一颗太阳射下，从此大地不再酷热，人间也有昼夜之分了。至于被射下的太阳，就化身为我们夜里看到的月亮。

◁ 泰雅射日神话

第八章　少数民族文化巡礼：精神文化　149

洪水神话

除卑南外,其他族群都有关于洪水神话的调查记录。大致说来,台湾少数民族洪水育人神话,既有中华各族洪水育人神话的共性,又因受海岛地理环境影响而有其个性。如阿美人、排湾人的神话:

拉兹乌

美女神"德雅玛藏"身体晶莹闪亮,至海滨汲水,遇海神"布拉拉嘎斯"求婚。她的父母神"玛达比拉"与"里桑"不允。海神怒,令洪水泛滥。"玛达比拉"夫妇带子女上山,其中一对子女,即"拉干干"与"拉兹乌"兄妹躲木臼,被洪水卷到"拉嘎桑"。劫后兄妹成婚,生蛇、蟹等,弃海中,又生蛙,弃宅外。太阳神为之祈禳,不久即生两子女,繁衍成"太巴"阿美人。

◀ 东海岸阿美人以渔耕为生

▲ 排湾少年

排湾人佚名兄妹神话

太古洪水,一对兄妹攀登拉威洛树,洪劫中逃生。洪水退,兄妹拉其树枝摩擦生火,贮存火种。蚯蚓吐粪堆山,兄妹上山辟地,寻粟、芋、豆种,精心播种,丰收。长大结婚,所生子女残疾,第二代稍好转,第三代已趋健全,繁衍为排湾人。

创世神话

在关于人类起源的神话中，没有关于洪水的情节，而是将图腾崇拜与兄妹婚"黏合"在一起，如石、竹、树、蛇、卵生出一对兄妹，这对兄妹结婚后繁衍人类等。有的将人类来源与天神、风等相联系，表明台湾少数民族的先民们对人类自身繁殖奥秘的思考与探索。

天神造人型 如《阿美人传说》：

天神 Billugalu 部下有二神，一神 Kakomodang—Tsidal 帮助天神管理人类；一神叫 Matiti，用土造一女人，名叫 Alalowih，这是阿美人的第一个人。据学者考证，天神为月神（男性），是阿美人的创造神，他不但创造了妇女，还创造了男子，而后才有阿美人。

◀ 阿美少女

卵生型 如《排湾人的嘉望社传说》：

太古时代，太阳生下三个蛋，后来有条狗把这三个蛋抓破

◀ 鲁凯、排湾创世神话蛋生说

了，青蛋生出的人是Qedaqedai家的祖先；红蛋生出的两个人，分别是Ruvilivili家和Gado家的祖先。不仅人类是太阳卵生的，而且动植物也是太阳卵生的，但比人类的产生要晚。上古时代，太阳又重在地上生下二卵，呼出"那马塔乌"男神和"那马宇得"女神。这二神长大后，只要男神叫一声"生牛"，女神就生牛，叫一声"生树"，就生下树木，如此这般，天下万物就诞生了。

排湾人的这则神话，虽然没有明言兄妹结婚，从中不难看出这对男女神就是兄妹的影子。

卵生型神话，被学者们认为是海洋文化的突出象征。

蛇生型 鲁凯、排湾都有关于百步蛇是他们祖先的传说。在他们的刺绣和雕刻作品中，百步蛇纹是主要图案，被认为是地位与权威的象征。

> **知识链接** **鲁凯创生神话** 远古时期有一名勇士上山打猎，无意中捡获了两枚蛋。勇士将蛋带回家中放在俑里，并且找来当时最凶猛的百步蛇负责守护蛋的安全。后来因为太阳强烈的照射，俑因高热而崩裂，从蛋中诞生了一对男女，这就是鲁凯人的祖先，后人因此将陶俑视为祖灵尊贵的"助手"。鲁凯人为纪念百步蛇"护驾"有功，将百步蛇浮雕在俑体上，以表达感恩之情，就是目前所看到的鲁凯陶俑的传统形制。

排湾、鲁凯、邹、布农四族群中，都有过关于蛇生型神话。

石生型与竹生型 这一神话在各族群中流传较多且黏合在一起，如在兰屿的达悟人中，也有石生型与竹生型神话。传说天神扔下来的一块石头里生了一个男孩儿，从竹子里生了一个女孩儿。他们结婚后，子孙来到渔人社。

> **知识链接** **泰雅人起源传说** 泰雅人创生神话多流传石生说。石生说有两类：其一是"宾斯博干"裂岩发祥说，另一是大霸尖山起源说。泰雅人自认为他们的祖先是从山间大石头裂缝中生出来的。

树生型 邹人有两则神话。其一则说：

有一天，一个女子到河边捕鱼，有一根棍子游入网中，她一连扔了五六次，棍子仍漂进网来。女子很生气，就把棍子带回家扔在柴堆里，等她洗完衣服再看，棍子不见了，她感到怀孕了，生了一个男孩儿。因为当时山中的居民都是女的，大家嫉恨这个男孩儿，想杀死他。后来，这个男孩儿会种地，还成了精明能干的猎人，人们再也不小看他了，让他当了特富野部落的头目，成为该氏族的第一祖先（该部落的头目一直由Pi-ongshi氏族的人担任）。

◀ 载歌载舞的邹人

另一则神话，是说天上的Ninewu神创造了一男一女，既是兄妹又是夫妻。世上只有他们两个。有一天Ninewu神来看望他们。他们要求再多造一些人。于是Ninewu摇动树木，掉下来的叶子都变成了人。这就是邹人的来源。

台湾少数民族关于人类起源的神话是丰富多彩的，几乎任何一个族群的口传文学都涵盖了这一内容。这些以最原始的方式呈现了神秘色彩的神话：古朴、质厚，一任纯然清新的面貌。无论是源远流长的"石生说""蛇生说"，抑或是独具海洋文化特征的"卵生说"等等，都反映了台湾先住民对人类起源问题刻意探索的浩茫与深沉。

流畅动人的歌谣

歌谣是人民的心声。台湾少数民族歌谣配合舞蹈，极为丰富，具有独特的质朴、欢乐与哀怨的旋律，充分表达人民生活与习俗，洋溢着深厚的乡土情调。传统歌谣主要包括祭歌、酒歌、劳动歌。祭歌大都配合集体舞蹈，歌曲的开头与末尾常用低沉悠长的序曲和尾声，旋律重复或间隔反复，内容叙述民族神话或歌颂古时英雄战史。

演唱方式

歌谣演唱多为齐声和唱，其音乐全是为了一个群体的和谐，作为人跟天地间沟通的工具，潜藏着深刻文化内涵。如各族群的丰年祭歌、赛夏人矮灵祭的迎神送神歌、布农人和邹人的祈祷小米丰收歌、达悟人祭房屋落成和祭大船下水时的驱除恶灵歌等。酒歌是饮宴时在室内唱的，通常是临时即兴的独唱。劳动歌有播种歌、收获歌、捣米歌、狩猎歌等，调子简约、流畅、固定歌词多。

咏唱方式，多声部合唱多于独唱，包括男声合唱、混声合唱、轮唱、复旋律歌唱等。他们创造了多种合唱法，布农人擅长完全五度、四度、三度的协和声合唱以及自然和声合唱；阿美人和邹人擅长自由合唱法；赛夏人常见四度平行唱法，即女声与男声相差四拍的平衡旋律；鲁凯人常见协声唱法，即以低音复唱同一旋律；阿美人还有对位唱法，即除主唱者之外，数位伴唱者以对位旋律与之重叠。赛德克人擅长轮唱。还有应答式唱法，由一个人或一群人先颂唱一段，然后其他人接着唱下去，或另外对唱一段。

胡德夫 ▶

知识链接 胡德夫，1950年出生。他的父亲是卑南人，母亲是排湾人。被媒体誉为"台湾民歌之父"与"台湾'原住民'运动先驱"。2005年4月出版音乐专辑《匆匆》，获得台湾流行音乐百佳专辑（1993—2005年）第二名。歌曲《太平洋的风》获2006年金曲奖最佳作词人奖、最佳年度歌曲。

歌谣类别

林道生所著《台湾"原住"民族口传文学的背景》，将台湾少数民族歌谣分为七类：

祭祀类 有祭颂祖先之歌、祭神之歌、种小米之歌、收获感恩歌、猎首歌、打猎祈祷歌。如邹人祭典歌《特富野社迎神曲》：

战祭要开始了

全体邹族勇士以敬穆的心

准备血性（一说敌首血肉）

恭请战神，白天垂临会所

佑助吾等勇士

赐以征战之勇气与力量

演唱时，部落的成年男子要相互搭肩，围成圆圈儿，由一人起音发出"呜"的歌声，其他人再加入不同高低音的和声，音域由低音逐渐转升为高音，再从高音婉转为低音，整首歌没有歌词，也没有旋律的变化，只有四部合音，但当音域高到某一个层次时，音轨出现了八个不同的音阶，音阶的高低起伏，看似简

知识链接 **唱给神灵听的"巴西布布的"（祈祷小米丰收歌）** 1943年3月25日，日本音乐学者黑泽隆朝教授在当时的台东县凤山郡里坛山社（现今台东县海端乡坎顶村）首次发现了布农人"巴西布布的"——祈祷小米丰收歌，并对这种独特的合音做了记录。1952年，黑泽隆朝教授将布农人的"八部合音"介绍到联合国，美妙的多声部合音震惊了世人，也打破了当时认为"原住民"的音乐较为简单的看法。黑泽教授介绍的正是布农人每逢重要祭典都要演唱的"巴西布布的"，也就是"祈祷小米丰收歌"。

布农八部合音

第八章 少数民族文化巡礼：精神文化

单,听来却如同天籁般令人陶醉。它是目前世界上独一无二的和音方式,堪称是"世界上音乐的瑰宝"。

仪典歌　有成年礼仪式歌、未成年歌、结婚仪式歌。

祈祷歌　有祈雨歌、驱退病魔祈祷歌。

劳动歌　有上山劳动歌、耕作歌、收获歌、打猎歌。如兰屿红头村达悟人生活歌谣《捕飞鱼》:

朋友,请你别来

我们红头村的海洋

这里是飞鱼最多的地方

是我们生活的盼望

今天又捕得飞鱼满船

一夜的辛苦天就要亮

用力划呀!大家快回航

歌手唱达悟人夜捕飞鱼的丰收喜悦,当然是希望与人共享其乐的,却反其意而开头就唱"朋友,请你别来……"以突兀的语言促人快来欣赏他们"一夜的辛苦"——"生活的盼望"。

饮酒歌　有欢迎客人之歌、介绍客人之歌、饮酒歌、联欢歌。如卑南人古调歌谣《妇女节庆》:

头目对众做报告

年长妇女互商讨

达悟人晾晒的飞鱼

身穿花衣头戴帽
围个圆圈跳舞蹈
舞步优美歌声轻
牵着老藤笑盈盈
清脆悦耳是挂铃
妇女节庆真欢欣

恋爱歌 有恋爱问答歌、结婚之歌。

热情奔放的舞蹈

每逢喜庆节日,台湾少数民族总要举行盛大歌舞,民众盛装携手,通宵达旦。舞蹈多以歌声调节舞步,多于月夜行之。昼舞多为向祖灵奉献之仪式,远非夜舞之奔放活泼。月夜,众人集于广场,饮小米酒而起舞。大抵手挽手,围成圆形或横列,一人领唱,余人一齐和唱,依其调左右移脚进退。

较重要的舞蹈有：泰雅人男女求爱的口琴舞,达悟人的甩发舞,赛夏人的大帽舞(即矮灵祭男子舞),排湾人的五年祭群舞,鲁凯人的婚礼男女欢乐舞,卑南人和阿美人的铃舞,阿美人

◀ 排湾人太麻里部落的精神舞

的丰收舞、驱鬼舞、男子成年祭舞和女子赏月舞，布农人的夸功宴（报战功歌舞），布农人和邵人的杵舞。

布农人的口簧琴吹奏

参加舞蹈之主体为狩猎、战争有关的男子，观赏或伴奏、伴舞者为女子。男子舞蹈充满肌肉美，歌声爽朗豪迈，女性舞蹈柔和优美，歌声娇细婉转，互有吸引力，未婚男女借此机会挑选心目中的对象。

舞蹈乐器以助兴演奏和独奏为主，有泰雅人口琴，布农人弓琴，排湾人和鲁凯人笛，邵人和布农人杵，阿美人木鼓、竹筒和铃、锣，邹人竹筒琴。

台湾少数民族舞蹈分为宗教祭祀舞蹈、交际礼仪舞蹈、劳动娱乐性舞蹈三种类型。

宗教祭祀舞蹈

祭祀是源自于远古人们的精神寄托。人类伊始，对于天地鬼神的相信并不亚于今人对科学的信仰。世间万物，人类吉凶莫不受冥冥之中的神明支配，对于当时的人来说绝无一丝一毫的荒谬。部落要兴盛、繁衍，必须依赖天地鬼神的庇护，因此，争取神明的欢喜、保佑是部落的头等大事。而讨取神明欢喜、保佑的唯一途径就是向神明祭祀。

宗教祭礼仪式类舞蹈通常具有完整的结构和丰富的表现形式，我们通常称之为台湾少数民族神明贡献出最好、最珍贵的物品，这就是祭祀。台湾少数民族的祭祀活动是舞蹈中最经典的表现形式，它是由部落群体共同参与的舞蹈仪式活动。例如，由台湾台北新世纪文化艺术团表演的邹族的"树神"、太鲁阁的"感恩颂"、阿美人的"丰年祭"、卑南人的"大猎祭"、邹人的"战

◀ 邹人的舞蹈

祭"、赛夏人的"矮灵舞"等祭典时所跳的舞蹈。

祭祀舞蹈在各族中具有神圣的地位，且男女老少之舞分门别类，不能随意在非祭典情境中唱跳，相关的禁忌、规范也最多。

交际礼仪舞蹈

这类舞蹈通常是随着性质和人群的规模不同，有着表现上的差异，是指特定人群在重要活动中所进行的社会礼仪时所跳的舞蹈，一般表现为：婚丧嫁娶、新屋落成、出生与成年礼等。例如：由台湾台北新世纪文化艺术团表演的邹人的《高山青》、达悟人的勇士舞、卑南人的《矛、盾、卜莱雅》，各族群的《魅力海洋》等。

劳动娱乐性舞蹈

劳动娱乐性舞蹈是源于田间耕作、打鱼捕猎、男女追逐时的生活劳动、休闲娱乐的表现形式，此类舞蹈所体现的是随机、随意，没有形式上的约束，是属于即兴舞蹈范畴。例如：卑南的《卜来雅花环》、阿美的斗舞、排湾的"刺福球"、泰雅的"竹筒舞"、赛夏的"臀铃之美"。

纵观台湾少数民族舞蹈，我们不难看出，它包含了对人与自然的和谐、对宇宙的敬畏和维系社会族群生存与秩序的方

丰年祭上载歌载舞的妇女组

式,传承族群的集体心灵图像。不仅独具特色,更重要的是,它传递的是与社会规范紧密结合,并使不可言说的文化内涵得以外显。

参考文献

1. 陈杰. 台湾原住民概论. 北京：台海出版社，2008
2. 陈雨岚. 台湾的原住民. 台北：远足文化出版社，2002
3. 福建师范大学闽台区域研究中心. 闽台区域研究丛刊（第7-8辑合刊）. 北京：海洋出版社，2012
4. 古野清人，叶婉奇. 台湾原住民的祭仪生活. 台北：原民文化事业有限公司，2000
5. 李莎莉. 台湾原住民传统服饰. 台北：汉光文化事业有限公司，1977
6. 李亦园. 田野图像——我的人类学研究生涯. 济南：山东画报出版社，1999
7. 林建成. 台湾原住民艺术田野笔记. 台北：艺术家出版社，2002
8. 铃木质，王美晶. 台湾原住民风俗. 台北：原民文化事业有限公司，1999
9. 刘其伟. 台湾原住民文化艺术. 台北：雄狮图书股份有限公司，1995
10. 山田仁史，谭佳. 台湾原住民神话研究综述. 中国比较文学，2007（4）
11. 田哲益. 台湾原住民的社会与文化. 台北：武陵出版有限公司，2002
12. 田哲益. 台湾原住民生命礼俗. 台北：武陵出版有限公司，2003
13. 王嵩山. 台湾原住民的社会与文化. 台北：联经出版事业公司，2001
14. 王炜. 台湾原住民祭奠的盛会. 台北：南天书局出版社，2004
15. 肖冰等. 台湾知识手册. 重庆：重庆出版社，1992
16. 许世冠，田丽卿. 与山海共舞原住民. 台北：秋雨文化事业股份有限公司，2002
17. 杨梅，周翔，姜莉芳，方芳. 台湾少数民族概况. 北京：民族出版社，2009
18. 叶煜培. 生计与生态关系之探讨——以台湾南投信义乡潭南村之布农族部落为例. 云南社会科学，2012（6）
19. 曾思奇. 台湾南岛语民族文化概论. 北京：民族出版社，2005
20. 曾思奇. 台湾少数民族研究论丛. 北京：民族出版社，2006
21. 曾思奇. "九族文化村"览胜访古. 中国少数民族风土漫记（中）. 北京：农村读物出版社，2001
22. 曾思奇. 高山族文化遗产. 中国少数民族文化遗产集萃. 昆明：云南教育出版社，2006
23. 张向芳. "台湾民歌之父"胡德夫：娜鲁湾，请到我们部落来. 风景名胜，

2011（8）

24. 周典恩. 从文献资料看台湾原住民的传统生活方式. 华南农业大学学报（社会科学版），2011（4）

图片提供者

(按姓氏音序排列)

《丰年祭之旅》
030
072
《瑰丽花东山水邀约》
136（下）
156
《史前文化》
015（上）
031
033
073（下）
阿美
010
012
013
016（上）
034
052
058
064（下）
070
138（右）
151（下）
陈晓艳《台湾少数民族——泰雅》
088
113（下）
114
141（上）
陈雨岚《台湾的"原住民"》
014
015（下）
016（下）
076
079
083

084
085（下）
097
109（下）
111
113（上）
117（上）
119（上）
137（上）
139（上）
140（上）
142（上）
陈枝烈《排湾族神话故事》
150（下）
黄权山
055
九族文化村《拾穗九族》
027
035
117（下）
136（上）
151（上）
李莎莉《台湾"原住民"传统服饰》
071
林建成《台湾"原住民"艺术田野笔记》
019
020
026
029
032
036
037
038
039

040
041
043
073（上）
077
078
080
085（上）
088
108
109（上）
110
133
134（下）
135
137（下）
138（左）
139（中下）
140（下）
141（下）
142（下）
143
144
145
149（上）
150（上）
153
155
157
158
159
160
书香
018
028
042

045
048
053
054
056
068
069
119（下）
120
124
125
126
127
128
149（下）
154
王嵩山《台湾"原住民"的社会与文化》
017
081
104
115
116
118
134（上）
中华全国台湾同胞联谊会《台湾少数民族抗日史实图片集》
058
059
060
061
062
063
064（上）
065

后记

"走近中国少数民族",一个颇有亲和力,令人倍感温暖、鼓舞,饱含深情厚谊的语词,在过去、今天以至未来,永远不会过时和缺少丰厚的内涵与意义。中华民族是56个民族相互依存、同生共荣的命运共同体,在中华五千年灿烂辉煌的历史长河中,每一个民族都曾辛勤耕耘在自己的文化土壤上,创造出了灿如珍珠、艳如彩虹般的文化宝藏,它们是中华文化源远流长的重要组成部分,作为中华民族的一分子,每一个人都不能缺少对这部分内容的熟悉和了解。走近中国少数民族,就是走遍中华大地,作一次民族融合的文化巡游,文化览胜,去审视、去探查中华文化的皇冠上那一颗颗灿烂夺目的珠宝,因为它们是中华文化宝贵的共同财富和遗存;走近中国少数民族,也是在新的历史时期,高举民族团结进步、共同繁荣发展的旗帜,实现中华民族伟大复兴奋斗目标下的一次民族文化的大集结、大展示。让我们珍视这样一次文化巡礼,让我们带着一颗虔诚的心,走近中华56个民族大家庭里55个少数民族,认识我们55个兄弟姐妹——"你""我""他"的昨天与今天。

"走近中国少数民族"当然也不能缺少"走近台湾少数民族"这一重要内容。这部分内容就是要让人们了解和认识生活在宝岛台湾,语言不同,风俗习惯、文化传统迥异的16个少数民族族群的历史与文化概貌。

作为一名生活在大陆的台湾少数民族后裔,我对台湾有着特别的情感,因为那一片烟波浩淼的海天世界,是我父辈之乡,也是我魂牵梦萦的故园。从幼年时候起,那一片土地,那片土地上亲人的笑靥和他们企盼的目光,就曾经无数次地走进我的梦乡,然而也永远是一幅朦胧依稀的影像,辨不清真实的面貌和图景。我曾经因自己的民族成分而自卑,也曾在希望与失望的泥沼中挣扎数十载，我感到故乡与我，不仅隔着万里之遥的空间距离，还阻隔着难以跨越的心理距离。我对故乡知之甚少，对自己本民族的历史与文化知之甚少，直接导致了我曾在很长时间里，缺乏民族自信心和自豪感。感谢辽宁民族出版社和国家民委的信任与抬爱，让我有机会参与这次《走近中国少数民族丛书》的编纂工作，通过这次学习和写作，我终于补上了这一课。当我伏案书写台湾少数民族林林总总的美丽与辉煌的时候，那些力透纸背的文字和图景素材，让我与故乡是如此地贴近，如此地亲近，世上没有什么情感能比之更令人欣慰，令人振奋，令人感动了。

我是一个幸福的人，也是一个幸运的人。在写作《台湾少数民族》的过程中，我得到了许多好心人的帮助和支持，他们为我所做的一切，令我感动，让我铭记在心。首先，我要感谢原中央民族大学副校长黄凤显教授，他是我参与写书的推荐人，他还是我在鲁迅文学院学习期间关于"中国的民族问题与民族关系和政策问题"的主讲导师，他授课深入浅出，使我受益匪浅。我还要感谢中央民族大学南方语言文学学院南岛语教研室曾思奇教授、杨梅副教授，感谢中央民族大学民族学与社会学学院文献资料中心段伟菊老师、贺兰凤老师，他们（她们）在借鉴资料与参考文献方面，为我提供了大力支持，令我感动。我尤其要感谢辽宁民族出版社让人们真切地了解到我血脉所在的台湾少数民族，尤其要感谢责任编辑李璜老师为本书的完成所付出的辛勤工作，在我与李璜一年有余的交流和合作中，李璜老师给予我许多有益的指导和帮助，她认真负责的敬业精神和谦逊宽容的美德，让我感动和自愧弗如；同时，我更要感谢辽宁民族出版社副总编辑吴昕阳女士和责任编辑李璜老师给予我的人文关怀，在我身体欠佳和家务负担繁重的困扰下，她们二人一直给予我鼓励、帮助和全力的支持，令我至今难以忘怀。在今天本书付梓出版之际，请允许我真诚地向以上所有人表示深深地谢意，正是他们（她们）的大力支持，才促成了本书的圆满完成。

由于本人水平所限，也由于丛书容量的要求，不可能将台湾少数民族的政治、经济和文化奇葩一一呈现，其中必有疏漏；又由于缺乏第一手资料，缺乏实地田野调查数据的佐证，书中某些细节亦可能存误，为此心中难免不安，唯聊以自慰的是，虽是粗线条的勾勒，呈现给读者的却是一个真实的、毫无粉饰的、朴直的台湾少数民族。本书在编写过程中参考了大量两岸出版的相关著作，为行文方便，文中没有一一注明出处，只在书末附有主要参考文献；本书大部分图片选自台湾学者陈雨岚所著《台湾的"原住民"》、林建成所著《台湾"原住民"艺术田野笔记》、王嵩山所著《台湾"原住民"的社会与文化》，在此，特向以上作者致以诚挚的谢意！

  谨以此书献给我的父亲母亲！献给海峡两岸我所有的亲人和同胞！献给所有关心台湾少数民族生存和文化发展的人们！

林　华

2014年12月2日

于北京万寿寺